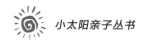 小太阳亲子丛书

亲子互动的小窍门

魏渭堂 等著

 復旦大學 出版社

序

修养自己，就是成就孩子

◎黄翠吟

人生走了大半，历经了生活各种的酸甜苦辣，才有能力看见自己不知的部分，不断惊见真正的自己和自以为的不一样。很多深层的想法、信念，甚至言语、态度是自己不喜欢、不认同的，但几十年来却一直习以为常，浑然无觉；自己身上的味道，自己闻不出来。直到人生的路走了一大段，才猛然看清了自己部分的原貌，自此才有能力去转化、去改变。

人的气质、信念、行为模式，除了是先天心性外，后天形成的部分其实很多是在很早的孩童时期就一点一滴地被种入我们的心田；但是，我们却要用一辈子去探究它。认识自己是一生都在做的事。

我是在中年以后，才突然发现我说话有某个习惯。有一天与母亲对话，突然感觉自己有点紧张，想赶快把话讲完；我非常惊诧，为什么对最亲的人会有这种感觉？原来，我怕妈妈听不进我说的，或是打断我的话。这才发现，从小至今

都是这种感觉及经验。

小时候，大人不把孩子的话当一回事，不是不理不睬，就是没耐心地打断。长大了，我和别人对话时，也会很急切，怕被打断；没有自觉时，就缺少一份耐心去倾听。了解自己这一点时，已是不惑之年。

从小受到父母的对待，形塑了自己的行为模式，不知不觉就成为那个样子；情绪、口气、态度，乃至个性、价值观，都在无形中被塑造。

影响最深远的，就是父母的态度、评价，形成孩子对自己的看法及认定。一个人认为自己是有价值的、够好的、有用的，他就能肯定自己、相信自己，内在的冲突就比较少，情绪也比较稳定，这真是一生最大的资产；如果是否定自己，总觉得自己永远不够好，就会有自责、自贬的情绪，内心就常有不安。

有位朋友，他习惯说："没有用啦！不可能的啦！"我说："念力是很有力量的，你可以正面去想去试；要相信自己，认为有用就会有用！"他说："不可能改变啦！江山易改，本性难移。我妈就常念我老爸说：除非棺材板四个角被钉上了，你的那些坏习惯才改得了啦！"那意思就是，要改变就等下一世啰！听他这样一说，内心微微一痛；这句否定的话，和他说"不可能改变啦"的信念如出一辙。

父母在和孩子的互动中所流露出的气质、价值观，就同

时在教育孩子;不相信孩子可以做到,不接纳他的气质,容易让孩子自我否定,不相信自己。如果自己一辈子没有发现,就无重建、复原的机会。

人是经过了岁月的历练,才愈来愈成熟、愈来愈了解自己的。叫人感叹的是,人老了、更成熟了,孩子这时却已经长大了。所以,我们不必责怪上一代对我们的教养方式,我们自己不也是不够成熟就生养孩子了?我们能做的,就是努力了解自己、修养自己,让一些负面的、阻碍生命成长的信念或创伤消解转化;一方面是为了让自己的人生活得更好,另一方面是带给孩子正面的影响。

泰山文化基金会办理亲子教育巡回讲座十多年。在会场上曾有家长表示,从孩子上初中起,即跟随基金会参加在各处举办的讲座;一路走来,至今孩子已研究所毕业。在孩子的成长过程中,父母能陪着孩子学习成长,便成就了亲子双赢。

有的父母在听了专家的建言后,知道要肯定孩子,制造让孩子有"成就感"的机会,可是自己的内在却是焦虑的、不信赖、不欣赏孩子的;人的感觉是很敏锐的,孩子岂会不知道父母对自己真正的看法,他怎会自我肯定呢?所以,根本之道是从心性上修养自己,气质、价值观是要经长期的熏习才能内化的。因此,除了长期充实亲子教育的知识及技巧外,心灵修养更是一辈子的功课。

本书由慈济传播人文志业基金会与泰山文化基金会共同

策划,集结了亲子讲座七位学者专家——魏渭堂、陈蔡荣美、钱永镇、马信行、何进财、周美德、谭德玉——的演讲精华。学者们提供了许多教养上的亲身实例,来阐释学理观念,对于亲子间的互动、对孩子的引导方式及其背后的目标,都有详细的剖析;可贵的是,每位学者都流露出对自己的反省与思考。由此可知,父母在与孩子的互动中,自己能有所觉察,保持清明理性,是多么重要的事。他们的体会与验证非常实际,是为人父母者很好的指引。

慈济带领台湾社会修养自己、照亮别人,是社会的一股清流,不断带给社会善的影响及希望,这种影响既深又远,我们有目共睹,非常感佩!泰山文化基金会从事心灵教育、亲子教育十多年,倡导提升生活品质要从"建立正向心念做起"。很荣幸与慈济再次合作出版本书,期能提供适当的教养观念让现代父母参考。

父母是孩子人格养成的导师,健全的家庭是社会和谐的基石;让孩子健全地成长,我们的社会将会更美好!

(本文作者为泰山文化基金会执行长)

目　录

序　修养自己，就是成就孩子　　　　　　　　　　◎黄翠吟 /1

与青春对话　　　　　　　　　　　　　　　　　　◎魏渭堂 /1

　　大环境在变，孩子的身心发展也在持续改变！爸爸妈妈们，你和孩子的相处模式还是那样一成不变吗？

欢喜做优质父母——生命教育 Go！Go！Go！　◎陈蔡荣美 /17

　　以"和颜""爱语""赞美"的态度面对他人，便能让自己与他人愉快地互动；当然，也能与孩子及家人建立良好的关系，成为优质父母。这便是给孩子的最好的礼物。

陪孩子认真过每一天　　　　　　　　　　　　　　◎钱永镇 /37

　　每一天，都可以看作是一场人生的小缩影；要拥有富理想、高品质的幸福人生，就要从认真过好每一天开始。

管教子女的绝招——行为改变技术 ◎马信行 /57

孩子是自动或被动，其实都是由父母塑造出来的。在行为改变技术里，父母可以利用"增强物""剥夺"等方法，帮助孩子培养好习惯。

爱是多一点了解 ◎何进财 /79

爱孩子，就是要了解孩子的优点在哪里，他的需求是什么、擅长什么；如果多留意，就能帮助他往好的方向发展。

给孩子适当的关怀与陪伴 ◎周美德 /105

父母对待孩子的想法及认定，会形成他的内在价值；若自幼内心受到创伤，长大以后，外在的那些成就，并无法修复内心的伤口。

如何培养孩子的竞争力 ◎谭德玉 /131

成功，就是将简单的事重复做、持续做，做到变成习惯为止；父母还要把时间规划放在重要的事物上，尤其是自己及孩子的心智成长上，才能让孩子卓越。

与青春对话

大环境在变，
孩子的身心发展也在持续改变！
爸爸妈妈们，
你和孩子的相处模式
还是那样一成不变吗？

◎魏渭堂

中台科技大学儿童教育暨事业经营系副教授

用眼睛去看,用耳朵去听,用嘴巴去说话,这是人们再自然不过的动作了。问题是,我们发现,面对孩子时,很多父母是既不看,也不听,而只会讲——很少用眼睛去观察孩子的行为,很少用耳朵去倾听孩子的心声,只是自顾自地用嘴巴教训,乃至发泄情绪。

然而,讲多了,心就蒙蔽了;你不但看不到自己的心,也很难去窥探孩子的内心世界。

■ 改变,从父母亲开始

"大环境不断在改变!"这是大家不时挂在嘴边的感慨。以初中生的升学通道而言,以往是单纯的高中联招、五专联招、高职联招,现在已改为"多元入学";若是高中生,还得张罗一大笔报名费,为了多报考几所大专院校以防万一。

行之多年后,课本减少了吗?参考书减少了吗?补习率下降了吗?学生和家长的压力减轻了,还是反倒加重了呢?于是,"多元入学"衍生出另外两个含义:其一,多"元"入学——得拿很多钱去报名考试。其二,前"教育部长"杨朝祥先生说过,以前的高中、大学联招是"一招毙命"——一次考试决定升学与否;现在的多元入学则是"凌迟至死"——透过前前后后多种方式来决定升学命运。

结果,很多父母不禁大叹:本来要改变的,结果都没变!甚至认为,台湾社会过去能有四五十年的稳定局势,乃是受惠于高中联招和大学联招制度，因它能公平地取舍人才，让学子公平受教。但个人认为，这种论点有失公允；拿今天和二十年前的社会状况相比拟，是绝对不公平的。

问题的症结在于：大环境在变，孩子的身心在变，而唯一不变的，就是做父母的还常常用过去的经验看问题，忽略了青少年在不断地发展。有的青少年还会向父母说："爸爸妈妈，你们何时会改变碎碎念（唠唠叨叨）的习惯？"

■ 你了解自己的孩子吗？

有一天，我也发现我的孩子竟然不喜欢让我去她的学校，那是在她读初中的时候。

我们的初中生真是辛苦，他们常常要补习，连假日也是。为了避免监管部门发现孩子在假日还要到校上课，就由家长在教室门口"把风"——五十位家长轮流，一个上午，一个下午；换言之，就是二十五周轮一次，一年轮派两次。

我的孩子从幼儿园起，一直到小学、初中及高中，只要学校办活动，我们通常会参加。因为，我们的参与会让孩子感受到爸妈对她的关心——不是光用嘴巴说，而是心动后的实际行动。

轮到我们"把风"的日子时，第一次是妈妈去，第二次她没空，那就我去。问题来了：孩子开始闹脾气，说什么都不让我去。我竟被自己的孩子拒绝！

生命中,没有被拒绝过,怎会知道别人跟你站在同一边时有多可贵?没有苦痛过,怎会明白快乐有多美好?

为了不让我去,孩子闹了两个礼拜,可见她心里有多挣扎。最后,她终于答应让我去了,但附加三个条件:第一,不得跟班上任何一个同学讲任何一句话;第二,服装仪容得经她核可;第三,务必准时到校。

那天,我八点准时到校;不敢乱动,不敢看书,只能多少翻点报纸,连同学在一旁打打闹闹我都保持安静,就这样熬了四个小时。回来后,孩子说:"爸爸,我要重新评估你了。"她夸我真有节制力,没跟同学讲半句话,同学还称赞我长得不错——因为只有看到坐着的上半身。她满意地说,从今以后要对我另眼相待。

其实,孩子不让我和同学说话是有原因的。曾经有位同学的妈妈到教室轮班,看到其他同学在聊天,就对他们说:"各位同学!高中联招快到了,你们要用功读书啊!"这原是出自一片善意,却招来全班联合孤立这位同学;他们认为,是这位妈妈害他们被骂,于是这位同学就成了众矢之的。

这也让我们了解到,影响青春期孩子的主要人物往往不是父母,而是同侪;所以,孩子才会在同侪的压力下,要求我到学校后,绝对不能跟任何一个同学讲话。

相信吗?不少平时自认为给孩子做牛做马的父母,其实常常不愿为孩子做一点小事。其实,当孩子希望我们为他做什么时，我们顺着他、为他做到，这就是最高级的教育策略——借力使力。我想，就是因为我的付出，才赢得孩子对我看法的改观。此后，我们的关系就更好了。

■ 倾听，建立同盟关系

有人说，富国强种要从教育孩子开始；我则认为，应该从父母亲开始。

有些家长老是抱怨孩子不好好读书，成绩老是不好。试问，父母光一天到晚看孩子不用功，可曾想办法教教他？可曾从孩子身上看出自己有相同的特质？亲情的对话来自你对自己的觉察；看看孩子，想想自己，这才是重点。

在孩子的成长过程中，若父母不愿倾听他的心声，一味地以教训取代亲情对话，就容易导致孩子"多说多错，少说少错，不说不错"的消极态度；后果则是，将来他就"每说必错"，因为他没有练习的机会。你可曾鼓励孩子："在家里说错了也没关系，就当作是练习；多加练习，以后就不会错了。"家之所以可贵，就是因为家人间的包容和支持，让孩子可以在错误中学习。

此外，还要能幽默地对待，亦即学会开自己的玩笑，才能开孩子的玩笑。有一回，我抱起一个幼儿园的小朋友，他摸摸我的肚子说："叔叔，你的肚子怎么那么大？"我就回答："你好厉害呵！被你发现了！"若是你周遭的家人、邻居和

同事们都不敢跟你开玩笑,那表示你的肚量太窄,容不下别人了。

有研究发现,会吵架的孩子,长大以后人际关系比较好,因为他会为了维护自己的尊严和价值,想办法说服对方。我们并非要培养一个"乖"孩子,孩子太乖,往往容易过度压抑自己;我们要培养的是一个能顺应环境的"好孩子",能在各种场合扮演适当的角色。好孩子不是完全顺从,不是每天在寻求父母关爱的眼神;好孩子是有自己的步调,有自己的想法和策略,并能够在适当的场合表达出自己的想法。

若孩子在吵架过程中感到委屈,父母一定要上前拥抱他,这是一种肢体的亲情对话,让他感受到你们两人是同盟关系。即便孩子童言童语,讲话不一定有逻辑,也许只是天马行空地开开玩笑,你也可以顺应他,只有跟着他的思绪走,才能进入他的世界。当孩子认同你和他是一"国"的,才可能开始交心。

所谓"叛逆的青春",这个前提是错误的;孩子并没有叛逆,他只是在表达他的想法。我们顺着孩子,是先倾听他的心声,先和他建立同盟关系,再学习去等待孩子的成长;亦即,先建立起"同盟感"的基础,才能有更深刻的对话。所以,别阻止孩子表达,别怕他们说错,别认为吵架一定不好;但千万不要打架就是了。

对话过程中,父母当然也可以表达意见。当孩子的行为不能如你所愿时，我们通常会用三个策略：一、说出孩子内心的盼望，让他明白其实你了解他。比方你可以说："我知道你很想那样子，但是我们家没有办法提供。"二、说明父母的规范或限制，让孩子明白你反对的理由。三、让孩子去思考，让他自己做选择。例如：已经说好只能玩三十分钟，但是孩子玩得很高兴，时间到了还想再玩；这时你可以告诉他："你还很想玩，但是时间已经到了；如果要继续玩，下一次就要扣掉时间。"通常孩子都会赶快停止。

当孩子有不满的情绪，有时会发泄在自己身上。例如，在自己的手臂上划一个刀痕或烫个烟疤而不觉得痛，这是因为他的压力太大了。此时，父母不应只是告诫孩子：不可以这样子！不可以那样子！而应该试着和孩子恳谈，把内心的感受表达出来："我不太了解你，但是我很心疼你……"若是孩子表示不要你管，你就必须承认："我觉得我们之间好像有很大的隔阂，我想我们应该好好谈一谈。"若孩子认为谈也没有用，你就要为过去不良的沟通表达歉意，表达你明白他心里的委屈。孩子看父母先低头了，心就会柔软起来，双方才可能进入真诚的对话。

此外，面对孩子的自残现象，父母若是无法处理，就应该求助老师或专家，千万不要光是大惊小怪；毕竟，这是一个现象的呈现，有呈现总比无预警的突发状况更容易加以防范。父母必须了解孩子究竟要透过这个方式表达什么，是不

是有什么需求得不到满足？是来自家庭压力，抑或同辈的压力所造成？你也可以表示你的担心和不安，甚至让他为你操一些心。

由于经济不景气，许多家庭有着沉重的经济压力。有个孩子想表达孝心，想赚钱减轻爸爸的压力；但爸爸不拿孩子的钱，要孩子自己存下来。可是，妈妈则对孩子说，儿女赚钱报答父母的养育之恩是理所当然的，更何况，家里确实需要孩子帮忙赚钱贴补家用。前者顾虑到面子而没有解决问题，后者则让孩子为家里操一份心，学习彼此照应，这样的情感交流，常常更能凝聚家人间的情谊啊！

■ 尊重，认清个别差异

随着孩子不断成长，他们的身心当然也会有所改变；而每个年龄层，都会发展出不同的特质，也就需要不同的对待方式。

初中生看小学生，会觉得他们幼稚，等到自己上了高中，再看初中的弟妹，还是认为幼稚；他们永远觉得自己已经长大了。青春期的孩子还有两项特性，一是"假想观众"：一天到晚觉得别人在看他，于是很在意自己的外貌，有人更会因此不停地挤青春痘。另一是"个人神话"：以为自己是世界上最伟大的人，想法最正确，要大家遵守，于是动不动就指挥、命令别人。

一般认为，孩子进入青春期后，会开始不喜欢自己的父母亲；他们的反叛性和独立意识较高，自我主张也比较强，不再一味地听命于父母，而会开始自己去思考，得到自己的见解。若是意见与父母相抵触时，紧张关系就出现了，甚至可能批判父母。闽南语有句俗谚："生子身，没生子心。"可说是道尽了现代父母的挫折感啊！

但是，不要因此就认为孩子处在"叛逆期"。事实上，一部分是因为他们面对生理上的成长变化而开始产生紧张情绪，更多的是他在展现自己，想成为一个独立自主的人。简单地说，孩子出生时，剪断脐带是为了让他身体能够独立；到了青春时期，则要剪断心理上的脐带，让他的人格能真正独立成长。

大家都知道身教比言教更重要、更有影响力，因为身教是直接以行动教育孩子，使他明白道理，而不是光用嘴巴讲长篇大论。长篇大论能得到多少反应，有多少效果呢？你认为有刺激就一定有反应吗？你认为训导人员在台上讲话，同学一定会听吗？不见得。同样的，父母若光是一张嘴碎碎念，孩子就会改进吗？不一定。

再试问：换作是你，你希望光听别人的长篇大论，或者你更渴望被倾听、被理解呢？

研究发现，其实初中生还是很喜欢自己的父母亲，只是不喜欢父母讲话的方式而已。一个得不到反应的谈话，就没

有价值了。

有一天，我还在二楼睡觉，孩子出门上学前，便对着楼上大喊："爸爸我要上学了，你好好睡觉呵！"这句话是一种刺激，而且威力可大了！当邻居都知道我还在睡觉，我会没反应吗？我立刻爬起来，从此不敢再睡大头觉。孩子的话带来了刺激和反应，价值就产生了。

商品要能满足你的需要，你才会去购买；同样的道理，父母的话要能满足孩子的需要，孩子才会有反应啊！

此外，必须尊重孩子的私人领域，不要去看孩子的日记。曾有位妈妈说，她是为了了解孩子而看他的日记；于是，孩子就抄了许多"静思语"当日记给妈妈看，再私下另写一本真实的日记。另外有位妈妈很生气地说，她的孩子竟在日记上注明"看我日记者会死！"可见，对于孩子而言，私人领域是不容侵犯的。

要了解孩子，应在平时就多关心他的生活种种，千万不要去侵犯他的隐私；因为，太迫近的距离，有时反倒徒增压力，还是必须尊重孩子保有私人领域和自尊的权利。

孩子有个体差异，父母就该尊重孩子的个体差异并跟他对话。对话过程中，仅仅有爱心和行动仍不够，还必须有正确的方法，才不致盲目妄为。要知道，可能没有很多孩子能如他父母所愿的那样优秀，但你不能因此去否认孩子的价值。父母应该让孩子多去感受，跟孩子产生同盟关系，尊重孩子

的特质，让他自由地在他的领域里发展个人特色，并不吝给予鼓励。

■ 鼓励，避免形成压力

我们都说要多赞美孩子；于是，常可听到父母夸奖孩子"你好厉害呵！""你好棒！"但是，其实还有一个比赞美更好、更重要的方式，那就是鼓励。

不强调赞美，是因为它常隐藏着一个危机——结果好才能得到赞美。例如，孩子考七十分，你可能不会赞美他；但若是他很认真用功才考这个分数，你还是可以鼓励他。赞美着重于结果，鼓励则强调过程；赞美是站在父母的价值体系评量结果，而不是站在孩子的实际过程了解问题。

赞美也容易使人产生压力，因为，下次若没有达到被赞美的标准，挫折感就来了。资优班的学生都很优秀，应该是从小就经常得到父母师长的赞美；我们却时闻资优班学生因压力过大而想不开。为什么他们有那么大的压力？因为他们的一生都在被赞美，活在获得赞美的压力中。

这是个可怕的后果；孩子会误认为没有得到赞美就是没有得到酬赏，没有得到酬赏就没有价值。因此，我们应该常跟孩子说："我知道你很认真用功"，而不是只问他考了几分。考得好，父母还没问他就会主动说他得了高分；若是考不好，问了也是徒增尴尬。

曾有一个孩子对他爸爸说他考了七十多分,还附加说明:"爸爸你不用担心,我们班上还有一个人考了三十几分。"这个考三十几分的人,竟成了孩子自我安慰的依靠,是不是该感激他呢?父母都希望孩子能考一百分;实际上,那是压力很大的,只有少之又少的人能达到啊!

因此,跟孩子相处的对话最好是多鼓励,对他在过程中所付出的努力给予肯定。例如:

"我知道你会做得到。"

"你一直很努力用功,也很辛苦,妈妈看在心里很心疼。"

"我知道你有自己的安排和计划。"

"妈妈有你很满足。"

用这些话语鼓励及肯定孩子努力的过程,可以避免赞美结果所隐藏的压力。

■ 幸福,用真心去感受

父母其实是在世界上最困难的学校当老师,因为,这个"学校"教的是如何做人。你想将孩子培养成怎样的人?孩子三十五岁时,你希望他是一个幸福的人,还是一个有用的人呢?

幸福的人通常都很有用,有用的人却未必很幸福。通过学习,使自己在某种技能上愈来愈精干,就能成为有用的人。但要得到幸福,除了具备有用的技能,肯定自己的存在之外,还要学习去感受人世间的种种,才能付出自己、尊重别人,

亲子互动的小窍门

这才是幸福的人。

我常回忆幼时和妈妈相处的情景,发现妈妈是个很快乐的人。其实,她的工作十分辛苦;但是回到家来,看到孩子的成绩不差,心情自然很高兴。记得有一回,妈妈走了六公里的路去买了几斤柳丁回来,还因为替孩子做了件事而心满意足。不但那幸福的模样至今仍叫人难忘,还有那第一次剥柳丁的经验,感觉那个柳丁真是人间美味啊!

人生快不快乐,不在于拥有多少外在条件,而是应该培养孩子朝着幸福的方向走;幸福的方向则要通过感受得来。要让孩子学习独立,学习为自己负责任;如此一来,当父母为他做一点事情时,他就会心存感激。你的孩子懂得感激别人吗?你做了什么事情让孩子去感受吗?我妈妈走了六公里到镇上买回几斤柳丁的事,我永远记得清清楚楚,并影响我一辈子。

有人说,今世会成为家人,是由于前世互相亏欠;我不同意这种说法。我比较认同的是:因为大家有共同的愿望,才会相逢在同一个家庭里,每天相处在一起。这份能够成为一家人的情缘何其珍贵,怎能不好好珍惜呢?!

请回忆孩子刚出生时,怀抱着他,瞧着那可爱的模样,感觉真棒。再注视那熟睡的脸庞,想想为何他会出现在你家,睡在你为他准备的床铺里?为何来到你身旁,总和你黏在一起?再轻轻对他说:"我真的很爱你!"相信此刻,任谁都会感动得流下泪来。

等孩子再大一点，你要开车出门时，他会对你说："爸爸开车小心一点！"还会不断叮咛"要系安全带""要戴安全帽"……小孩子不会叫大人去做坏事，他们会直接表达出他们的道德规范，表达他们的是与非。他们就是这样的单纯可爱。

此外，在小孩子刚会爬、会走路的阶段，当要离开妈妈身边去玩时，常会回头看着妈妈，用一种盯着妈妈"是不是还在那里"的眼神；只要妈妈还在，就会满足地去玩了。到了青春期，孩子想独立，此时回顾父母的不是眼神，而是回忆的心情；他会常想起往日和父母相处的点点滴滴，特别是在他初离家到外面过生活时，更会常常想念父母。所以，给孩子留下什么印象是非常重要的。

总之，和孩子相处对话，要把握四个原则：第一，和孩子建立一种同盟的关系；有了同盟的关系，很多话都可以省掉。第二，多学习，陪伴孩子成长。第三，多说鼓励的话，千万不要说出"我怎么生到你这种孩子，不知倒霉几辈子！""你愈来愈像猪！"之类的话。第四，尊重孩子的私人领域，让他拥有足够的空间，很自由地在他的领域里面发展他自己的特色。

父母要多了解孩子在各个阶段的心理发展状况，听出孩子内在的声音；多关心、陪伴他，多一点耐心，尊重他独立的意志，以引导的方式取代限制，建立友伴关系。若能如此，温馨有效的对话场景便能顺利展现。

欢喜做优质父母——生命教育 Go! Go! Go!

以"和颜""爱语""赞美"
的态度面对他人,
便能让自己与他人愉快地互动;
当然,也能与孩子及家人建立良好的关系,
成为优质父母。
这便是给孩子的最好的礼物。

◎陈蔡荣美

亲子教育专业讲师

■ 孩子一定要比自己强？

大多数的人都听过一句话："孩子，你一定要比我强！"这是许多家长内心深处的期许。父母常将很多的期待放在孩子身上，希望孩子比自己更好。但问题是：如果父母自己不懂得方法，如何让孩子好起来？

我以前常常告诉儿子："儿子啊，你以后要为陈家争光！"在我看来这是一种鼓励，但对孩子来说却是一种压力。为什么当时我这个笨妈妈会这样告诉他呢？在我们的亲友里，我的儿子算是资优的；而且因为我是老师，大家都会觉得老师的孩子理当表现得比别人强。所以，我的孩子承受了双重的压力。

因为父母对孩子的要求太多，所以孩子也很难达到父母心中"好孩子"的标准。孩子有孩子的世界，大人有大人的世界，千万不要以父母的立场与眼光来看待，这样会让孩子过得很不快乐。就像我要求儿子为陈家争光，因为有这么大的压力，求好心切，导致他高三时，因为担心自己考不上大学，而不敢参加联考（大学联合招生考试）。

常听人家说"歹竹出好笋"；有些父母的身份地位并不高，并不杰出，但是孩子成绩很好，很有成就。但也有"好竹出歹笋"的情形：父母的成就、教育水平及社会地位、经济地位都很高，但是孩子却不长进，没什么才能。什么是

"好"？什么是"歹"？其实，这些观念都是社会论断、比较的心态；这些想法的背后，受到社会文化及价值观很大的影响。探讨生命，就要探讨这些原因，看清我们受到的影响、束缚，进而提升心灵的净化，使生命更自在。

我们若希望孩子健康成长，就不要一直强调："孩子，你一定要比我好。"因为，这不仅是在贬低自己——好像自己还不够好，而且是给孩子压力。我们与孩子互动一定要改变思维，改变语言，用爱与接纳来教导我们的孩子。

以前我有"自己做的一切都是为孩子好""孩子一定要比我好"的观念；当我去上了父母成长班之后，才知道自己有盲点。我的孩子真的好可怜啊！我们将希望都寄托在他身上，这对他来说是不公平的。因为有此认识，我通过不断地学习，努力调整自己，也分享自己的成长历程，努力推广生命教育，希望大家能以我为前车之鉴，不再犯同样的错误。

■ 先教育自己

教育没有什么诀窍，只有两个要点：一个是"爱"，一个是"示范"。

我们给孩子的爱，应是"无所求的爱"；但是，很多人给孩子的爱却是"有条件的爱"。举个例子来说，我们常会对孩子说："乖一点，妈妈就买东西给你。"但是，考试考不好，回家就挨骂。很多孩子从小得到的和感受到的，就是"被有

条件地爱"。

"示范"也很重要。对孩子而言,父母就像神一样,因为他所有的一切都来自父母;孩子会观察,无形中便会模仿。但是,很多父母亲都是"说"得到,"做"不到。比方说,我们教育孩子要诚实,但自己却对他人说谎;教育孩子要遵守交通规则,却在赶时间时闯红灯。如此一来,孩子所得到的是不良的示范。

所以,我们要想成为"优质父母",便要先了解"生命教育"。什么是"生命教育"?教育的对象是谁?我们首先要知道,"生命教育"要先教的是自己;因为教育必须要示范,所以在教育孩子之前,要先教育自己。

现阶段参加成长活动的,仍以女性占多数,比例甚至高达百分之九十五;很多女性埋怨,自己努力成长,另一半却不配合。但是,参加成长活动的女性,其实应该感谢先生;因为先生将成长的机会让给太太,自己在外面打拼。家里只要有一个人改变,整个家庭系统便会慢慢随着改变;只要你有进步,整个家庭都会跟着你进步。

要成为优质父母,正确的观念非常重要。十几年前我曾到肯尼亚旅游;有一天在参观内罗毕动物园之后,因为时间还早,我们就去参观当地的"游牧民族"。下车以后,看到一群瘦巴巴、皮包骨的老人及小孩子,身上及眼睛上沾满了苍蝇,住的是牛粪筑起来的房子。我们上车之后,也是肯尼亚人的司机先生告诉我们,刚刚所参观的那个部落,因为酋长不让他们接受现代西方文明,所以生活及卫生条件很差;不仅又贫又脏,而且族人也普遍营养不良,很多人一到四十岁就瞎了。司机先生他们那一族的酋长,则让他的族人接受现代西方文明,所以他可以学会开车,并用简单的英文跟我们交谈,他们的村子也比较干净。

那个景象给我很大的冲击,也让我领悟到:小从一家的家长,大到一国的总统,观念若是错误,就会造成家庭乃至于国家的不幸。

所以,家长要将孩子教育成优质的孩子,自己必须先成为优质的父母。成为优质父母的首要条件,便是要确立观念;观念正确,做法才会正确。

那么,什么是正确的"生命教育"观念呢?我个人认为,可以从个人自我认识、夫妻关系及亲子关系三个部分切入。早期,很多家长参加活动,都是想学习怎么教导孩子;但是,如果夫妻关系不好,孩子又怎么能教好呢?然而,夫妻关系为什么会不好呢?因为很多人不了解自己,不了解生命的本质。

■ "身、心、灵"都要照顾

生命可分为"身、心、灵"三个层面。

第一,一个人的身体一定要健康。现在的小学生,普遍有

体重过重的状况；有部分原因是饮食不正确，吃了太多的速食。身体若是不健康，拥有再多的财富、再好的学问，都是徒然。身体是生命的工具，虽然生与死都不是我们自己所能控制，但我们却需要好好地维护它。父母要做孩子良好的示范，比如不暴饮暴食，不抽烟，不酗酒，这样才能让身体这个工具用得更为顺利及长久。

第二，是要注意我们的"心"。"心情"是影响身体这个工具能否发挥最大功能的重要因素。心情好，工作效率就高；心情不好，就像马达无力、断电一般。心情好不好，周围环境的影响很大，尤其是父母亲从小的支持是很重要的。父母要当孩子的支持者，孩子心情不好时，要为他加油打气；当自己心情不好的时候，也要自我探究，寻找原因。

第三是"灵性"。我们的道德观、我们的良知，是要往上提升的。我们常说，每个人心中自有一把尺；但是，很多时候我们会受不了诱惑，理智败给了情感。所以，我们要学习清心，尽力提升自己的灵性。

生命教育，就是教导我们要照顾好身、心、灵这三部分；教养孩子则要顾及孩子的营养是否均衡，情绪好不好，有没有给孩子正面积极的信念等。

■ 人的际遇跟家庭有关

有哪些因素会影响一个人的成就？中国人常说：一命，

二运，三风水，四积德，五读书。

"一命"：指的是先天的命。每个人生下来的环境都不一样；成长条件不同，结果当然有差异。

"二运"：每个人都有不同的运；所谓"风水轮流转"，每个人的一生都有高低起伏，没有人一生都很顺遂。因此，遇到困难时要勇敢面对，不要只会埋怨。

很多人遇到挫折时会心生恐慌，并会问："为什么是我？"而无法面对生命中的挑战。我们一定要在心中培养一股力量，可以勇敢面对生命中的逆境及厄运，这是很重要的。只要活在当下，认真经营，难关总会过去，不会永远都是歹运。

"三风水"：指的是周遭环境。我们不必像风水师一般会看风水，但是我们可以去感觉一个地方的风水好不好——那是一种直觉。"人际关系"也是一种风水；我们经营好人际关系，跟他人相处得好，就会有好风水。

"四积德"：不一定是要布施钱财；口说好话、随手捡一下垃圾也是做好事，也是积德。

不要以为这些只是小事；世界上所有的"大事"，都是小事累积起来的。所谓积德，就像是在宇宙的"爱的银行"存款。我们或许以为这些存款自己不会用到，其实只要你有存款，一定会有回报，做起事来会很顺利。

"五读书"：为什么要读书？每一本好书都是用作者们的心血及智慧完成的，里面的观念可以开导我们处世的方法，

生命便会因此转变。古人说"活到老、学到老";身体这个工具要吃东西供给营养,头脑也要不时地给它营养,不然便会退化。不断地补充新知,生命才能够有所改变。

要让孩子喜欢念书,父母便应从自己做起;否则,若只要求孩子读书,只怕会越读越"输"了。

■ 家庭和乐很重要

以上几个因素,都会影响一个人的一生,而这些都跟家庭有关。家庭不只是制造人的"工厂",同时也是制造幸福的工厂。如果家庭很和乐,孩子也会很快乐;若是父母争吵不休,孩子也会没有安全感。

我认为,所谓的"专家",便是知道做事方法、知道解决问题密码的人;但是,有多少父母真的是教养子女的"专家"呢?

很多人并没有念过"父母学"或考取了"父母执照"才来当父母的;结果,父母做得很辛苦。很多人说,自己当了父母之后,才知道父母亲的辛苦;其实,为人父母者若都能先修这门"父母学",了解教育有"关键期",知道孩子每个阶段的变化与需求,便能因应孩子的需要,给他安全感,让孩子过得比较快乐。

而且,不要以为"乖孩子"就没问题;有时候,乖巧听话的孩子内心可能也有很多的创伤,是我们不知道的。父母要让孩子感受到自己的心被父母了解,他有事情才愿意告诉你,不会放在心里面。

人性可善可恶,可以向上提升,也可能向下沉沦。没有纯善或纯恶,人是会受到环境影响的;有温暖、支持、安全的家庭环境,孩子的内心才能获得安全感,孩子的发展才会跟着好。

并不是说夫妻有了孩子就不能吵架,只是单纯地忍耐也不正确;但是,和好后一定要告诉孩子,并让孩子知道父母之间的争执跟他无关。因为,年纪小的孩子会以为你们是因他而吵架,他会恐惧,会有罪恶感,进而影响心理、人格的健全与发展。

所以,夫妻吵架和好后一定要告诉孩子,让孩子知道如何"吵架"及怎么和好,孩子的心理才会比较健康地发展。

■ "爱"的必要元素

家庭既然是制造幸福的工厂,那就一定要有爱。爱有几个必备的元素。

第一是"接纳"。不论你的孩子是美是丑,都要完全接纳;存着感谢上天赐予你这个礼物的心情,就能好好地珍惜他。孩子并非是父母的附属品,不能随自己的情绪而打骂。同样地,我也不赞成学校体罚,那是很不好的示范。可以罚站,但不可以打,这会伤害孩子的自尊。要尊重孩子是一个独立的个体,这点是非常重要的。

第二是要"了解"。要了解孩子个性的优缺点与他的特质,并让孩子能充分展现他的特质,以培养他的自信。

一般的家长都不会彰显孩子的特质,只是一味想修补孩子的缺点。心理学有所谓的八大智能,父母应该找出孩子的优势,让他尽情发挥。并不是所有的孩子都一定要以上建中、北一女等明星中学为目标,而是要观察他的兴趣与智能发展;若孩子喜欢绘画,就读美工相关科系也是很好的选择。

很多人没有开发自己的潜在能力,因此过得不快乐,只能适应一般社会需求,平平常常地过活:在学校认真念书,在社会上认真做事,就这么过一天算一天,没办法感受生命的甜美。所以,我们应该从小引导孩子探索自己,了解自己,开发潜能,找到生命的动能。

第三是"包容"。让孩子知道,他在家里是被包容的,不会因为犯错而失去家人的爱。

第四是"相信"。相信每一个孩子都是独一无二、与众不同的,不要和别人比较,包括自家的兄弟姊妹。

第五是"肯定"。肯定孩子的作为,并且用善意去解读孩子的行为,不要预设立场。

第六是"关怀"。关怀是一种支撑的力量,要让家庭成为孩子的避风港及加油站,家庭才会和乐,孩子才有元气;同时也要给另一半及自己关怀,懂得爱自己。

除了关怀,也要训练孩子做家事,不要让孩子成为读书的机器。最后,要给孩子"赞美";要学会看见孩子的优点,不要认为孩子好的行为是应该的而吝于给予赞美,并且要把你对孩子的赞赏具体地告诉孩子。

■ 每个人都是独一无二的

每一个生命都是独一无二的,都是最尊贵的;即使双胞胎,也不是彼此的复制品,他们的想法不会相同。每个生命我们都要尊重、珍惜。

在这个世界上,每个人每天都只有二十四小时,每一个人的成就完全是靠自己付出时间与努力而来。"天生我材必有用""三百六十行,行行出状元",每个人都有特殊才能;自己与父母所要做的,便是去发现及发展个人的特殊才能。

有些孩子非常厉害,看书很快就懂,过目不忘。有些人的音感很好,听了一首音乐,很快就会哼会唱。有的人的嗅觉很好,能精确地分辨每一种香水的味道,是玉兰花或是玫瑰、茉莉等;而一般人只知道那是香味,却分辨不出来是什么花香。有的人舌头味觉很敏锐,一尝某种料理,就知道它用了哪些食材;更有些人不但知道料理中放了哪些食材、佐料,还能知道是哪家店所生产的。有些人手很巧,很会修理东西,任何坏掉的物品,一到他手上都能修好。有的人第六感很敏感,还有的人则是飞毛腿……

我们要先找出孩子的特殊才能在哪里,不要只看学校的

成绩,因为成绩只是考察孩子对课业的记忆及理解力。例如,有的小孩从小很喜欢涂鸦,那就让他尽情画图;不要以为当画家没"钱途",一旦闯出名号,就能名利双收呢!同样地,作为父母,要当一个识货的父母,知道孩子的才能所在。每个孩子绝对都有天生的才能,要赏识自己的孩子,相信绝对有他可以发挥的地方。

我们还要知道:每个人不论长得美丽或是丑陋,聪明或是愚笨,学历高或低,是富豪或是在路边乞讨,每个人的生命都是平等的。我们在这个地球学校,就是来学习的;这个学校很特殊,这个大教室里的学生素质参差不齐,年纪也各不相同,但我们都是平等的,太阳普照大地,空气供给万物,阳光、空气不会因好人、坏人而有不同待遇,只是无私地润泽天地间的每个生命。所以,我们也要尊重每个生命,因为生命是平等的;生命平等,职业当然无贵贱之分。当你了解职业无贵贱时,你才会快乐,才不会有自卑感。

■ 工作是为了服务

人们要有职业,要工作,除了是为赚钱来养活自己及养家外,职业其实还有其另一个意义,而不仅仅只是谋生;作生意也不是只有"买卖"对价的关系而已。工作的真正内涵,是让我们去服务别人,让我们的灵性得到提升。

所以,抱持一颗感恩的心很重要。我常在搭出租车之际,一上车便说:"司机先生,感谢你。"我认为,他为我服务,所以要感谢他;但是,有些人却认为:是我给你钱赚,你为我服务是理所当然的。对双方来说,态度不同,心情上就会有不同的感受。

有一次我在南部演讲,因为时间太晚,我先生担心我的安全,就要我住一晚,不要搭出租车赶回来;但是,因为隔天一早我有课,还是决定上路。那一天晚上下着毛毛细雨,我看见一位小姐招了一辆出租车,车子停下来开了门,那位小姐望了一下却不坐,于是我就上了车。

我一上车就对司机先生说:"感谢你!"司机先生说:"我要感谢你才对。"我说:"我应该谢谢你;感谢你这么晚了还辛苦地为我服务,让我能提早回家。"他说:"我要感谢你给我钱赚;更重要的是,这么晚了你还敢坐我的车。刚才那位小姐,看了我的脸就不敢坐上车了。"他接着又说:"如果每个客人都像你这样就好喽!"

我除了祝福他生意兴隆之外,还告诉他一个让生意越来越好的"窍门":有客人上车,就说"感谢你",客人下车时也要说"感谢你";每天要开车出去时,也要向车子表达感谢,听听车子的声音,擦一擦车身,感谢它每天让你服务很多客人。生意不好时别泄气,反而要感谢老天让你能休息;生意好的时候,要感谢车子让你服务很多客人,而不要只说"感谢你让我赚很多钱"——不要将赚钱放在最前面。内心存

有感恩的心，任何事都会越变越好。

■ 养成"感恩"的习惯

"感恩"这两个字拆来看："感"字是一个"咸"和一个"心"，"恩"是一个"因"和一个"心"；也就是说，你心里有感动、感受，你才会感恩。感恩之前，要先懂得"知足"；懂得知足，才会常乐。很多人欲望不能满足，所以不能常乐。懂得知足常乐及感恩，就能够懂得尊重别人；人与人之间能互相尊重，社会上的不幸就会减少许多。

即便是在路上乞讨的人，我们不仅要帮助他，同时也要尊重他。想想看，乞讨的人是不是也很有勇气？他逼不得已而抛开了自尊，我们也应该尊重他有这样的勇气，而不要轻视他。在我们这个社会里，一般人对有钱有势的人才会"立正敬礼"，对于一般的小人物或是低收入者便不懂得尊重。我们绝对要改变这样的观念，社会才会改变。

我将生命以水来做比喻。我们小时候就像清水一般地纯洁；在成长的过程中，就像是在清水里加进了各种颜色，因此愈来愈无法看透生命的本质是什么。所以，一定要先净化，还原水的清澈；也就是要先净化心灵，才能看清生命的本质，生起感恩的心来服务他人。我们切莫说："我辛辛苦苦地工作，却没赚几毛钱。"一个人会这样贬低自己，也就会去看轻别人。各行各业都有它的功能，我们都要感恩；例如卖小吃的摊贩，我们要感谢他解决了很多人吃的问题，很有贡献，不应该瞧不起这些小摊贩。

若能心存感恩、口说好话，就会成就好事。像我告诉那位司机先生，要感谢他的车子，而且把它擦得干干净净，让客人一上车就觉得很舒适而心生感谢；同时，当他也感谢客人时，周围自然就会产生一种良善的磁场，好的心念就会互相感应凝聚，他的生意就会越来越好。

宇宙有一个原理：物以类聚。相同的心念会吸引在一起，感恩的心别人能感受得到，就会聚集在一起；因此，做事就会越来越顺，这就是所谓的"心想事成"。所以，我们要养成心存感恩的好习惯。

■ 尊重自己及他人

要学习感恩，我们首先可以从尊敬及孝顺父母做起。

生命教育有三个宗旨：第一，尊重生命；第二，我们要了解生存平衡；第三，我们要让生活有秩序。在家庭里，生活的秩序是：父慈、子孝、兄友、弟恭，夫妇要好合，这就是家庭秩序。我们自己有没有做到呢？现代的父母常常反而会当"孝子"跟"孝女"——孝顺儿子跟女儿；孩子要的东西应有尽有，父母要的东西则能省则省——这是一位长辈发出的感叹。若是如此，父母自己没有做好榜样，小孩会懂得如何孝顺吗？

有一回,台湾公共电视的"台湾圆仔花"节目访问我和儿子。主持人问说:"你妈妈怎么教育你的?"我儿子说:"我妈妈不是教我,而是做给我看。"

我爸爸妈妈都还健在,我对他们都很尽心。我能尽心,或许是因为我的爸爸对我奶奶很孝顺,所以我就学我爸爸,很真心地对待我的父母;我的儿子有样学样,便也这样对待爷爷、奶奶,对我也很孝顺。

我已有了媳妇及孙女,家中还请了一位保姆帮忙做一些家事。有一次,保姆对我说:"陈太太,你是怎么教育孩子的?教育得真优秀,他们对人都很尊重。"因为我们对待她就像一家人,每天她要回家时,我儿子就会对她说:"二姊,感谢你!"

我们常常可以看到,台湾有些老板或雇主对于外籍劳动者的态度,并不是很尊重;保姆说出她心里的感受:一般人即使是被请托而去帮忙做家事、带小孩,也纯粹是人情上的帮忙,心理上还是有那种"下对上"的不平等感觉;而在我们家,她深刻地感受到我儿子对她的尊重。

我也非常尊重我儿子。我的事情都尽量自己做,不要麻烦儿子;因为时代不同了,每个孩子都要照顾自己的孩子,忙自己的事。以前是农业社会,大家住在一起,可以互相照顾;现在则是小家庭,孩子很难再拨出时间照料父母。我私下真地觉得,年老之后可以住进养老院,跟年纪相近的老人们在一起,大家互相做伴,有自己的生活天地。所以,不要一听到住进养老院的事情,就觉得子孙不孝,甚至觉得被遗弃了。

生命是每个人自己的;你要尊重自己,但也要尊重别人,不要常常自以为是,或越俎代庖。

举我自己的例子来说。儿子初中毕业后考上前三志愿的高中,高三时却留级,然后转去念了一所名不见经传的学校;毕业前他对我说,他不考大学,要去开出租车。他的话让我这糊涂妈妈猛然警觉省思:我的教育出了什么问题?痛定思痛,上了很多父母成长课程后,这才了解,原来我是个不及格的妈妈。是儿子教化了我,让我看到自己的盲点,那就是我给了他很大的压力。

后来儿子力争上游,还是上了大学。大学毕业后,在自家的公司做事,承担起事业的重任,在公司带领员工打拼,胜任愉快。我很欣慰,自己的成长,能带动儿子有这样好的转变。

■ 我好,你好,大家好

这个世界是共存共荣的,各行各业都是在为这个社会进步而努力。职业无贵贱,只要尽自己的本分,努力付出,只有"我好,你好,大家都要好",这个社会才能更好。

打个比方:如果你很幸福,住在一间富丽堂皇的豪华别

墅,但是周围的人生活品质都不好,好像住在贫民窟,你会快乐吗?我想你的快乐一定会打折扣。若是我知道开启幸福的钥匙是什么,就很愿意将这把钥匙交给大家,跟大家共同开启,一起享有幸福,这样就会创造更大的幸福。

人类在进化历程中,必须跟大自然抗衡以及与其他生物竞争,所以自己能生存下去非常重要。但是,进入二十一世纪,绝对不是对自己好就好,二十一世纪是合作的世纪,要与人合作才会有更大的力量。

家人也是合作关系,这种关系就要从夫妻开始。两个人要合作,彼此要很要好;两个人之间的距离若是很远,是没办法合作的。彼此的心一定要相连,目标要一致,脚步也要往共同的方向迈进。

所以,要教育孩子,便要先厘清自己的价值信念,让自己更清楚方向,才能和伴侣同心协力,一起教育好下一代。

■ 和颜、爱语、赞美

我们人类最宝贵的天赋就是有感情,会微笑;一个人的脸上若是没有表情,大家看了会感到紧张。

同样地,我们每天要带着微笑面对孩子与家人,微笑像阳光,会带给孩子及家人温暖;若是一早起床就唉声叹气,甚至横眉怒目,孩子看了会觉得恐慌、没有安全感。我们给自己最好的宝藏,就是要和颜悦色,常常面带微笑。

其次要"爱语",也就是说关心的话。埋怨、批评、责备的话不要讲;而要用关心、鼓励的话来代替,这样孩子才有元气,能量才会提升;若是动不动就挨骂,孩子内心当然会充满不安。还有一点是"赞美","赞美"能带给他人自信。"和颜、爱语、赞美",正是让我们生命发光发热的方法。

我们都是自己的主人,只要随时用和颜、爱语及赞美,让你及别人的生命发光、发热,就会到处受人欢迎;绝对不会有人看到你,就觉得要"保持距离,以策安全",因为你的脸不会纠结在一起,让别人担心一不小心就会得罪你。

所以,以"和颜、爱语、赞美"的态度面对他人,便能让自己与他人愉快地互动;当然,也能与孩子及家人建立良好的关系,成为优质父母。这便是给孩子最好的礼物。

陪孩子认真过每一天

每一天,
都可以看作是一场人生的小缩影;
要拥有富理想、
高品质的幸福人生,
就要从认真过好每一天开始。

◎ 钱永镇

生命教育推动教师

有一天，孩子问我："爸爸，你常谈'生命教育'；那么，什么是生命呢？"

我一时愣住，不知该如何向孩子说明。"生命就是你还活着，死了就没有生命呀！"我试图用孩子听得懂的语言解释。

"这我也知道。我问的是：什么是'生命教育'呀！"

"'生命教育'就是要让你的生活过得很好呀！"

"我很好了呀！"

"真的吗？那你成绩不好的时候，你也很好吗？"

"是有点心情不好，但也不会太糟呀！"

对话过程中，我发现孩子对自己的一生其实观念还很模糊，倒是很清楚自己一整天过得好不好。于是，我得到一个心得：跟孩子谈生命、生活，还不如跟他谈一天该怎么过。

一天，恰似一期生命的缩影；由一天的生活品质，或可推知一辈子的生命品质。因此，如何让孩子的每一天都过得有理想、有品质，过得很心安理得，就值得细细探讨了。

■ 睡得饱，学得好，长得高

要谈孩子一天的生活，就要从睡眠谈起。

睡眠对小学生和初中生尤其重要，因为睡眠品质的好坏，着实影响着他们的成长及学习成效。研究显示，睡眠分四个层次；进入第三、第四的沉睡期时，才能将一天的种种所学，像图书馆那样地整理清楚、归档就序，这样的记忆也才能长期保留。若是睡不好,头脑无法有效地重整信息,结果就会像仓库里堆满乱七八糟的杂物般,突然要用时一定遍寻不着。因此,要让孩子睡眠充足,睡得很好,才能发挥整理记忆的功效。

然而,父母如何得知孩子是不是睡得好呢?有一个简单的检视方法——观察孩子会不会做恶梦。沉睡时的梦境不会被记得;若是处在第二阶段的浅睡期,就会记得所做的梦;如果做恶梦,就表示睡得不好,更遑论半夜会因梦魇而惊醒了。有些人即便只是午睡,也会一觉醒来惊觉桌上或枕头上口水一片;虽然有些不好意思,但觉得精神饱满,这就说明睡眠已经进入沉睡的层次了。

要睡眠品质好,倒未必是睡得愈久愈好。生理学家研究,一个人的睡眠时间平均需要六到八个小时,但也因人而异;我儿子就要睡足九到十个小时,否则还会发脾气呢!

睡眠除了影响孩子的学习成效,还会影响到他的成长,因为,沉睡时身体会分泌一种成长激素,尤其是初中阶段(青春期);若是因升学压力大而焦虑到晚上睡不着,就可能长不高。有些孩子在课堂上呼呼大睡,睡到同学推他、吵他都不醒,那就表示他们要开始长高了;因为孩子在快速发育成长时,就会有嗜睡现象。

一夜好眠后,孩子的起床方式也各不相同,大约可归纳成三种。一是被动起床。每天都要父母亲他、喊他、拉他、

强迫他,拗了大半天才会起床。有人则是设定闹钟。有些人把闹钟放在旁边,闹钟一响就"啪"一下关掉,再继续睡,最后还是得由父母叫他起床;所以,闹钟不可放在伸手可及之处,而要放在非得下床才能关掉的地方才有效。还有一种是时间一到就自动起床;这种孩子的规律性强,他们不但起床的时间很规律,连睡觉的时间也很规律。

好的起床习惯要从小长期培养,父母不可轻视。为了孩子的成长,必须多付出耐心来教导,包括起床后的行为和想法,也着实会影响孩子一天的心情。

■ 动作加快,想法积极,给予拥抱和祝福

"一日之计在于晨",起床后的动作要快,才会有精神,而且要有正面、积极的想法。

从起床、盥洗、整理书包,到吃早餐然后上学去,从这一连串动作的快慢,就可以看出孩子的生活节奏和效率;若是进行得慢吞吞,孩子显得无精打采,不妨督促孩子加快速度,就能感到精神抖擞。稍快的生活节奏,能让孩子产生力量感,进而觉得活力充沛、信心十足。

而起床后的想法更是重要。起床后能跟自己说些好话,是一辈子的好习惯;反之,如果说些丧气话,那这一天可能就毁了一半。父母千万不要对着刚起床的孩子说:"完了,今天怎么会是阴天?"那会让心情跟天气一样阴霾;也不要把

糟糕的情绪挂在脸上昭告天下。我常鼓励孩子:"起床时,我们要很努力地跟自己说,今天我一定会很认真、投入、有收获!"在日本,如果家中有人要联考,父母就会带着全家人到公寓的顶楼,头上绑着"必胜"布条,然后大声喊出:"×××必胜!"据说,这对孩子的影响很大。

营养的早餐十分重要。父母可以准备好牛奶、优酪乳、奶酪片、多谷物食品、全麦吐司等,教孩子学会使用烤面包机或微波炉,并告诉他如何变换一个星期的早餐,然后由他自己设计自己每一天的早餐,父母只要注意营养是否均衡即可。

吃早餐时不妨放点音乐,能有效舒缓孩子紧张的心情。

放什么音乐呢?若要心情平静,建议听巴赫的音乐。有一回吃早餐时,我放了《勃兰登堡协奏曲》,这首曲子比较注重平均、对称,所以很和谐。孩子就对我说:"爸爸,今天我们家比较有气质呵!好像在宫廷里面。"因为迪士尼影片中的宫廷场景,都是搭配这种音乐。

曾有报告指出,要让乳牛分泌较多的牛乳,就让它们听莫扎特的音乐。当我播放给孩子听时,从他们吃馒头的动作,就可以感受到他们很享受这轻快的旋律。至于可不可以听民乐呢?当然可以;但要挑选较活泼热闹的,才能有提神醒脑的功用。可别挑古琴,那比较适合在晚上及安静时聆听。

还有一项不可或忘的要点——拥抱与祝福。早晨是我们体

力好但头脑还不清醒的时候，父母不适合在此刻问孩子成绩，也不要对孩子质疑某些事情；因为此时体力充沛，一旦有冲突，吵起来都会很凶；万一一大早就起冲突，那可能一天都毁了。若真要进行讨论，心理学家认为黄昏是最适当的时机，因为这时大家都有些累了，力气不大，比较不会动怒，这样才能平心静气地讨论事情。而早晨最好的肢体语言是"拥抱"，也可鼓励孩子帮父母倒杯牛奶，用动作来表示关怀。

早上出门前，我会主动对孩子说："祝你今天快乐、很有收获！""你今天一定会过得更好！"我们还会一起互道："Give me five! 加油！加油！"而且，我们还发明了一种空中握手的手势来表示"我爱你"；每次孩子要进学校时，我就对他做这个动作，他都会笑得非常开心，在众人面前也不至于感到尴尬。有了愉快的心情，在学校就能主动跟师长、同学打招呼，建立好的人际关系。父母不妨跟孩子一起设计一个有默契的爱的讯号，长期去做，一定对孩子的心情有正面的影响，并能改善他们的学习效率。

家长对孩子上下学的路线也要有所了解，应清楚地知道孩子会经过哪些地方，有无诱惑和危险；若是沿途有很多游乐场或网吧，最好是绕道而行。路途中若有熟悉的店家或同学住处，不妨前去拜访，请求必要时给予孩子照应。

此外，零用钱够用就好，不要多给，免得孩子因为身上有钱而受到诱惑，跟同侪去玩，去买东西；当然，还要确实

掌握孩子回家的时间。

我个人还会教孩子自己做卡片，方便他利用早上起床、走路上下学等零碎时间学习。卡片里的内容不必多；相关研究指出，一个孩子的记忆容量是七，亦即——如果要背单字，一张卡片最好只要写上七个单字，不要超过十个；如果是数学，就写两个题目。可以利用各种空当把卡片拿出来背或做练习；这个习惯可以持续用到初中、高中，而且是越早培养越好。

■ 给予自主空间，培养多元能力

孩子除了读书以外，更要培养"勤劳"的美德；这其实与孩子起床后的想法和动作息息相关。以前我们的长辈都起得很早，他们的习惯是黎明即起，然后就开始一天的作息；小时候，我爸爸也教我一起床就要把家里的家具擦拭一遍。反观现在，很多家长并没有按孩子的年龄去分配家事，这其实是在剥夺孩子培养多元能力的机会。

要让孩子具备多元能力，就不能不训练他的"自主"能力；简单地说，就是"自己的事自己做"。

很多父母都忽略了应该给孩子"自主"空间。例如，小孩子开始学自己吃饭时，总会把周遭弄得乱七八糟，很多父母见状心急，就干脆拿他的碗筷直接喂他；这就是剥夺孩子的自主性，剥夺了让他自己动手学习吃饭的机会。到孩子上

学以后,有了功课压力,很多父母便会对孩子说:"你只要把书念好,其他的我来帮你做。"于是,父母全成了孝顺儿女的"孝子";这也是剥夺了孩子的自主性。

孩子的自主性被父母剥夺后,就不能学会对自己的事负责,原来是他自己应该做的事,就反倒变成父母的责任了。例如,起床晚了,还会怪父母:"你怎么不叫我呢?害我迟到!"这就是父母要承担的后果。久而久之,他们怪罪别人的事情只会越来越多。因此,要培养孩子的责任感,就该让孩子自己洗碗、洗手帕,自己穿鞋子等,让他"自己的事自己做";而且,随着年龄愈大,还必须给他愈大的自主空间。这是相当重要的管教原则。

若没有了"自主性",就会失去"主动性"。常可听到老师们感慨现在的学生太被动,不给他们压力,不逼、不叫,他们就不做。为什么孩子会失去主动性呢?

一般而言,孩子的好奇心都很强,感到好奇的东西都想碰;若是父母因为担心危险就不让他们接触,久而久之,孩子便会降低主动追求知识的欲望。因此,父母不妨设定一个安全范围,在范围内让孩子尽情去探索,而不是一味禁止。

有一次,我家老二问我:"爸爸,为什么面泡好时会那么烫?""当然烫喽,因为它用的是热水呀!"他又问:"那为什么热水会烫?"诸如此类地一路问下去,一直问到我不知如何回答,最后只好生气地说:"吃面就吃面,有什么好问的!"

相信很多父母都有相同的经验：一直问"为什么"，这是孩子在学习过程中常有的情形。其实，这时应该跟孩子说："对呀！为什么呢？我们一起来研究一下。"或者说："我们一起来查查看哪些书有答案。"跟孩子一起探索，才能培养他们主动追求知识的兴趣。

根据心理学研究，初中以下的孩子，他们的反应多符合"行为学派"所观察到的。例如，看灵异节目或听鬼故事，小孩子一开始并不懂得害怕，而是听到别人惊叫或看别人跑掉，他才跟着跑，然后才得到"害怕"的认知。换言之，父母应该让孩子先自己做做看，通过他本身的行为体验，再转换为认知心得；这样的认知，就能在未来帮助他自己。

因此，不要一开始就让孩子凭空设想计划，应该让他先做做看，再和他讨论如何调整得更好；甚至先由老师订立读书计划，让孩子按部就班进行，达到某种娴熟程度以后，才让他自行安排属于个人的各种计划。

孩子做好自己的事后，父母就要不吝给予赞美。我们不可能凭空一直称赞孩子很棒，而是让孩子做他做得到的事，然后再赞美他，那效果一定加倍。例如，请孩子帮忙泡杯茶，他泡来给你喝了，你就满意地说："不错呵，茶泡得恰到好处，你很体贴呵！"这样的赞美不仅很有效，而且很容易内化成他自己的能力。

若想延续这种赞美，有个方法叫做"逐步养成"。例如，

请孩子在半小时内背完一些单字。刚开始孩子一定会说他做不到；可是，半小时后他若能背给你听，你就可以大大赞美他："哇！你好棒呵！说到做到！"换言之，就是设计许多方式来赞美孩子，让他用实际行动证明自己真的很不错。

我儿子小学三年级第一次煎荷包蛋时，我们特地为他拍照留念；因为，这是需要手眼协调的动作，对小学三年级的孩子而言可没那么简单。我们一步步让孩子慢慢做，然后赞美他的成果；如此不但能训练孩子的自主能力，同时还能建立他的信心。

■ 帮助孩子适应，倾听孩子叙述

有些孩子的敏感度较低，常会撞到人或弄翻桌子，我大儿子就属于这样的孩子。有一次，他向我抱怨老师不公平，全班有五六个人在讲话，可是老师只罚他一个；细问之下才知道，他总是那最后一个在讲话的人。因为，敏感度高的孩子一听到老师的脚步声，就立刻正襟危坐；而敏感度低的孩子，则通常要等到老师站在他面前，才会意识到老师来了。此外，若我叫他去做功课，他的第一反应通常是："爸爸，你在叫我吗？"他会先搜寻声音的来源，再确定你叫他做什么，最后才开始行动。

这对父母与老师的耐心是蛮大的挑战。如果看他慢吞吞而开始发飙，孩子一定觉得很委屈，因为他根本没有搞清楚你要他做什么。对于这样的孩子,别一大早就一直催促、使唤他,应该多抱抱他、鼓励他:"爸爸很欣赏你,你真的很不错!"

每个孩子的适应度不同,可从三个方面观察。第一是"环境适应"。如果孩子到一个新学校,喜欢在校园东逛西逛,看看图书馆、总务处在哪里,那就表示他的适应能力很好。有些适应力差的孩子,甚至连上厕所都会选同一间!这样的孩子,最好等他长大成熟些,再让他到外地读书。

其次是"人际适应"。要让孩子交三种朋友。第一种是"生活上的朋友",就是一起上下学、上厕所,很容易就建立友情的朋友。这种朋友对孩子很重要;通常,在学校会被欺侮的孩子,都是个性较独立和孤僻,较不愿交朋友或不容易交到朋友的人。

第二种是"学习上的朋友"。如果数学不好,就交一个数学好的朋友;地理不好,就交一个地理好的朋友;这是学习伙伴,可以让孩子们之间有互相成长的机会。因为,在这个阶段,同侪的影响力往往大于父母和老师。

第三种是"知心的朋友"。这就需要用心去找,也许还要碰点运气,并没有想象中容易。如果孩子的人际适应能力佳,能交到各种好朋友,对未来将有很大的帮助。因此,父母与老师应加强合作,来协助孩子交到好朋友。

另一个也需要老师和家长合作的,就是提升孩子的"学习适应"。如果孩子的学习效果不佳,父母就该和老师沟通,

找出原因；是孩子不习惯老师的讲课方式，还是预习不够、进度太快，以致无法消化授课内容？当然，应该要养成课前预习的习惯，提醒孩子在早自习时把当天的课程内容预习一下；若有觉得困难的部分，上课就要特别用心听讲。对于适应力较低的孩子，父母与老师就必须更有耐心来等待孩子克服困难。

父母应该多关心孩子在学校的状况，关心孩子上一天课下来看到什么，学到什么，发生什么有趣的事。父母要拨出时间倾听孩子的叙述，再付出耐心与他对话，一起检讨一天所学的利弊得失，这就是在训练孩子的"后设思考"——也就是"思考自己的思想的能力"；孩子进行叙述的过程中，就在训练自己整理及思考的能力了。

如果父母无法教导孩子功课，最起码要做到倾听。当孩子能够如数家珍地叙述一天的校园生活，那表示学习状况很不错；若大都回答"不知道"，则很可能存在学习焦虑，就必须多加鼓励他。父母可在孩子放学回来的傍晚时分，和孩子谈谈一天的学习过程，回顾学习的内容；这个角色由爸爸来担任的效果会比较好，因为妈妈总是容易被认为是"唠叨"。

孩子放学回来，爸爸以轻松的方式和孩子闲聊，可以自然地聊班级上的事情，例如较欣赏哪些人，他们的优点是什么，又有哪些人是较不喜欢的，为什么？藉由这样的过程，让孩子去了解他周遭的同学。孩子讲得越多，对他的学习思

考越有帮助。

■ 学习舒解压力,认清多元价值

有人说现在的小孩子多半是"草莓族",抗压性很低。"抗压性"又叫作"挫折忍受度",如果压力大时,你觉得还可以忍受,不会影响到生活,这就表示抗压性高。"挫折忍受度"或"抗压性"的高低,首先决定于过去处理失败的经验好不好,是否有人从旁协助。

人不可能完全没有压力。其实,有点压力是好的;若孩子在考试前不紧张,那父母可要紧张了。适度的压力也常能激发出正面的力量,达到更好的效果。例如,父母答应孩子,若考得好,就带他去参加偶像的签名会;可能孩子会为此更加努力,从而获得优异的成绩,这就是"有效的压力"。

面对过度的压力,要学会排解。小时候遇到挫折就会哭,因为哭一哭就没事了。"哭"是一种忍受挫折及解除压力的好方式;当孩子感到悲伤沮丧时,不妨引导他哭出来;不要认为哭是懦弱的表现,否则更会造成压力的累积。然后,试图跟孩子谈一谈,从心理上支持他,帮他释放压力。

此外,要让孩子知道,有些压力和挫折是有时间性的,时间过去就消失了。例如举重,这也是一种压力;但三分钟后放下来,也就放松了。很多学生在考试来临时感到压力很大;这时候,父母光劝他不要紧张也没有用,不妨安慰他:

"没关系,考完试,你就没有压力了。"应该学会让时间去解决压力。

面对压力,还有一个更积极的解决方法,就是先认识压力的来源。父母不妨检视孩子的压力源是否来自成绩不好,而成绩是他唯一的价值吗?若是,当他考不好,这唯一的价值感失落了,自然找不到人生意义,严重者甚至可能自杀。

压力源与价值观息息相关,而孩子的"自我概念"是决定抗压性的最关键因素,孩子若是觉得自己不够好,抗压性也一定不好;自我概念好的孩子,才能面对压力,自然抗压性就强。我大儿子的自我概念就建设得很好,他从不会将功课当成唯一的价值,不会因为成绩考坏了,或是某个同学不喜欢他,就觉得自己很差。

人生是丰富的,因为每个人都同时扮演很多角色,有着各种工作和责任,有家人、朋友和嗜好,成绩只是其中的一项而已。我们希望孩子过得好,就要帮助他们认清多元价值,千万不可窄化到只剩下单一价值。有多元价值观的人,就不必害怕失去某一项,抗压性自然增强;因为知道自己还拥有很多很多,人生还是很幸福的。

■ 乐于追求新知识,依特质发展未来

孩子回家做功课,可分为四段进程。第一段为"准备";遇到讨厌的科目,可能得花掉大半小时才能做好心情准备;

如果接下来又遇上一道道不会写的难题，那就真的读不下去了。我的建议是，测验卷的出题顺序应该由易入难，让孩子一开始能得心应手，才有信心应战下去。除了心情的准备，读书环境也要准备妥当，不要有电视机、偶像照片或其他书籍来干扰。

接着进入"专注"阶段。如果孩子在读书的同时，还很清楚父母在做什么，可能就不够专注，读书效率也就不佳。能够专注，才能进入"忘我"阶段。要达到忘我并不容易，必须对那个科目很有兴趣，学起来很有成就感。

最后是感到"疲倦"。如果这时换读另一个较没成就感的科目，又从"准备"阶段开始，学习的时间便又会拉长了。所以，父母有必要协助孩子安排做功课的顺序。

如何协助孩子呢？可利用"家庭聚会"。每个家庭每周都应该有一次深度谈话的时间，借此更加了解孩子的性向、学习状况乃至将来的志向；重要的是，父母要让孩子体会到追求知识的乐趣。

我大儿子在小学三年级的最后一次考试中，竟然考了全班第一名！他能从班上倒数第三名变成第一名，真不可思议。听说，那次是老师出题太简单，全班就有十八个第一名。后来开家长会时，我就大大赞美老师的这个失误，让孩子觉得这是他生命当中最有意义的一次考试；我们还把这一天定为家庭纪念日。升上四年级后，排名只有前十名，孩子都开玩

笑地说他是"第十一名"。他一直是个天性很乐观的孩子。

大儿子的注意力较分散；每次到餐厅，他都能很快发现空位，因为他是用扫描的，对环境的掌握力很好。也许，将来踏入社会，这个特质能成为他在职场上的优势。但相对的，他的专注力较差，目前在学校就显得比较吃亏了。我总说他很适合当总统的保镖，也很适合去做现场管理工作，监看流程。反之，老二比较专注，可能比较适合从事学术研究或是精密的技术。

又例如，大儿子会说："我要圆的面包、白色巧克力……"他眼睛里看到的都是颜色与形状；但老二就不同了，他问的是："我可以分到几块？"他喜欢看数字，数学和逻辑概念都不错。此外，大儿子的坚持度比较低，写作业都要"分期付款"，一下上厕所、一下吃东西；不过，这种坚持度低的孩子有个优点，就是为人很随和，比较不会有人际冲突。老二的坚持度高，虽有助于读书，但是，太过坚持的人也比较不快乐。我常想，也许老大比较有福气吧？

老大偏好空间和颜色，我们就常陪着他一起观赏料理节目、百工图、艺术创作等之类的节目。有一天，他说他想当面包师傅，我们就真的送他去学做面包。现在，他已经会做苹果派、南瓜派、奶酪等；回来做给我们吃，总会赢得我们的赞美。

我们细心观察孩子的特质，用肯定的角度看孩子，才能依他们的特质做规划。并非一定要念普通高中然后上大学才有前途；与其做一个失败的老师，还不如当一个成功的面包师傅，不是吗？顺着孩子的特质，安排他走他可以走的路；路途上不论如何转折，做父母的我们，一定要一路相伴，鼓励他、支持他。

我常对孩子讲家族的历史；我们想要坚守的，是历代祖先们相传下来的那种安居乐业的生活态度，以及在生活中不断追求知识的精神。每个家庭的家风或有不同，有的是要传承"技艺"，有的要努力完成"企业"；至于对孩子们讲述家族的故事，无非是希望他们尊重自己。要当面包师傅也好，当漫画家也行，无论哪一样，只要能不断追求新知，全心投入，创造出个人领域的价值，就很值得尊敬，因为他懂得认真过好自己的每一天。

■ 睡前鼓励孩子，教孩子学会感恩

最后，父母不管多忙，都要在孩子睡前鼓励他一下；像是鼓励他为同学服务，并且感谢一天中给予我们帮助的人，让孩子觉得能为别人服务是一件很棒的事。这时候可以问孩子："今天有哪些是我们需要感谢的人？"

我记得在某次的研讨会上，我听到一位女教授打电话回家跟她孩子说话，她问："女儿呀！今天有什么是值得我们感恩的呀？"

然后又听她说："对呀！老师对你那么好，我们应该要感

恩老师。"

我听得很感动,所以我就现学现卖,回家问孩子今天有哪些值得感恩的人?那时读幼儿园的小儿子就抢着说:"爸爸,今天上课的时候都没有人要跟我说话,只有一个人会跟我说话,所以我很感谢他。"虽然我一听就觉得不对劲,但我没有立即批评他,便继续问:"那还有谁呢?"当时我老大才三年级,他就回答说:"有什么好感谢的,那是他们该做的呀!"

现在的孩子对于日常的享用,太习以为常了,都认为那是人家该做的,毫无一点感恩心。因此,我就跟儿子说:"明天你自己上学,爸爸不载你了。"他才说:"好吧!那就感谢您好了。"所以,晚上睡觉前教孩子学会感恩,是很重要的习惯;让他们带着感恩的心入睡,为这一天画下圆满的句点。

每一天的生活轨迹就是生命。期望孩子拥有幸福的人生,从教导孩子认真过好生命中的每一天开始,培养好的生命态度与习惯;以感恩的心,看待周遭的人、事、物,处处撒下善的种子,生命就能更臻圆满。

管教子女的绝招——
行为改变技术

孩子是自动或被动,
其实都是由父母塑造出来的。
在行为改变技术里,
父母可以利用"增强物"
"剥夺"等方法,
帮助孩子培养好习惯。

◎马信行

台湾政治大学教育系退休教授

父母教育子女或老师教育学生,如何才算教育成功?从演化的观点来看,子代比亲代杰出,才算成功。

然而,把孩子教养好其实是对自己好。因为,孩子若出了问题,学校或警察第一个会打电话找你;若能将孩子教好,将来他能有所发展也懂得反哺孝亲,你的生活及名誉也会比较好。

■ 抓住机会增强

父母都希望孩子能自动自发,但孩子的被动或自动不是天生的,而是父母养成的。有一次我去学校演讲,有位初中老师说她是"闹钟妈妈",因为她每天都得叫孩子起床。她回厨房做事时,孩子又继续睡;设法把他"挖"起来后,他却又躲到厕所里,怎么喊都不出来,只是回应:"好啦!好啦!"下课回家之后,催他写功课,小孩又要先看电视;本来说好只能从四点半看到五点,结果却还是五点半以后才被催着去写功课。像这样一直在后面推动着孩子,不是很累吗?

其实,每个人都有自己的需求,每一个行为都是为了满足个人的需求。我们看看自己的行事历就可以知道,我们每天所做的一切,都是让自己的需求得到最大的满足。以最少的时间、最少的劳力,获得最大的满足,这是心理学上的行为理论。

人格是如何产生的?当某种行为出现时若可以满足需求,

这种行为将来出现的几率就会上升。每种行为受到增强后，会出现得越来越频繁，如此就会变成习惯，习惯增强以后就变成人格。

所以，习惯是从小培养而成，只是父母不知道已经在培养了。据近来行为改变技术对于自闭症的研究，百分之七十的自闭症孩童，IQ（智商）比较低；有些自闭症的孩子，父母常常疏于照顾他，花在他身上的时间较少，以致孩子经常有自我伤害的行为。有行为改变技术专家以实验证明，孩子之所以会自我伤害，大部分是父母所培养的。

结论指出：当小孩在玩时，父母亲不去理他；当孩子叫妈妈时，妈妈也不应；拉妈妈的裙子，妈妈却只忙着做家事没空理他……以上情况下，小孩就可能会自己打自己，一直打到妈妈注意到他、照顾他为止。之后，他每次都打到很严重，直到被注意了才会停止；有时妈说不要再打了，小孩却打得更厉害。

小孩要妈妈陪时，妈妈不来，只有打自己的时候，妈妈才来；妈妈的关注，增强了孩子打自己的行为。在这种行为模式下，妈妈的关注不但不会消减自我伤害的行为，还有可能会愈来愈严重。

我们可以从孩子小时候便开始观察。有人做过实验：为何有些小孩爱哭，有些小孩不爱哭？爱哭的行为是如何培养出来的呢？一般而言，小孩子会哭是因为尿布尿湿、肚子

饿、蚊虫咬、穿得太热；如果这些问题都解决了之后还哭的话，就是要妈妈抱。如果妈妈听到小孩子哭了，就赶快抱起来"惜惜"，据研究，这一组的孩子后来比较会哭。另一组是，孩子哭了就检查一下，把尿布换了，喂过奶，确定宝宝身体并没有不舒服，这时候不必抱他——因为小孩哭也是一种运动，妈妈就要等到孩子不哭时才来抱。如此，爱哭与不爱哭小孩的差距就产生了：在哭的时候抱，小孩就爱哭；在不哭的时候抱，小孩会不爱哭。

在小孩学走路的阶段，也分两组来做实验：小孩跌倒时，其中一组的妈妈就"惜惜"，这一组的小孩也会爱哭。另一组研究人员告诉妈妈，小孩哭的时候，告诉他跌倒了要自己爬起来；这时，小孩看妈妈不理他，就自己起来了。爬起来若因疼痛而想哭，这时妈妈就告诉他："勇敢的小孩不能哭"；如果小孩不哭了，妈妈就称赞他："好勇敢呵！"这个小孩以后跌倒了就会自己爬起来，也较不会哭。

■ 不要剥夺孩子学习的机会

进入学校阶段，有些家长很关心小孩；若关怀得不对，反而愈关怀愈糟。

比方说，小孩常忘东忘西，这些都是家长培养而成的习惯。看到小孩忘了带便当或雨衣，有些家长是马上送到学校去；这种家庭培养的孩子一定会很懒散，因为有家长当后勤。

另一种家长则是，孩子便当忘了带，就收到冰箱里不为他送过去，让孩子自己承担后果，为自己的行为付出代价，看看下一次他还愿不愿意付出那么大的代价？这时，孩子想跟同学借钱吃午餐，人家不见得会借；回家一趟又那么远，最后只好饿肚子。家长千万不要心疼，小孩子一顿饭不吃不会饿坏的。

雨衣或雨伞忘了带，也该让他们自己解决。下雨了没有雨衣怎么办？找个塑料袋遮回家，还是和同学一起撑伞回家，或是等雨停再走？父母不要剥夺孩子学习成长的机会，要训练他们解决问题的能力；只要注意，若孩子真是淋着雨回家，应赶快洗热水澡，不要让他感冒或受到其他伤害就好。

让孩子自己面对问题，学着解决问题，若解决问题的方法不是很好，父母可以给他建议，借着讨论找出可以解决问题的最佳方案。小孩的自动与被动，就是因家长的态度而形成的。

我高中时是男女合校。成年后，有一次同学会，我跟一位女同学聊天，问起最近忙些什么，她说："忙着补习啊！"我觉得奇怪，大家都已经一把年纪了，还要考什么呢？她说，都是为了教宝贝儿子；因以前所学的国文、英文等科目都跟现在不一样了，所以去补习，晚上才能教儿子做功课。我问她："孩子的成绩是不是愈来愈退步呢？"她很疑惑地说："你怎么知道？我孩子的表现实在令人失望。"我说："他退步都是你造成的。"

我向她解释:"你的英文有比学校老师好吗?你的化学有教得比学校老师好吗?你每天把孩子磨到十二点,小孩正在发育,睡眠不足时白天就会打瞌睡。你让小孩子在较差的师资下磨到十二点,白天有比较好的师资时他却在睡觉,这样成绩会好还是会坏?"她这才恍然大悟。

当父母的没有必要自己去教,没有念过书的父母也可以教出状元,只要父母能够增强孩子的正面行为就好。

■ 利用增强物改变行为

孩子是自动或被动,其实都是由父母塑造出来的。在行为改变技术里,父母可以利用"增强物"。

增强物要如何取得?首先要先观察孩子的需求。他想要看电视,或是想要游泳,或想买脚踏车,这些都要记下来;当他想要这些东西的时候,不要马上给,而是等到他的行为符合要求时再给他。虽然给的东西一样,但时机不同,你所得到的效果便不一样,借此可增强他的行为。

不要平白无故地给孩子零用钱,父母可以好好地利用零用钱作为工具。有幼儿园做过实验:幼儿园里有个玩具间,要进去就必须使用代币,每个代币可以玩五分钟的玩具。有个班级每星期一都发给每个人五十元代币,让小朋友去玩具区玩玩具。另外一班则是不固定发代币,只发给上课时注意听讲的学生。两个月过后,两班的秩序明显不一样:平白无故给代币的那一班秩序很乱，老师在上课时，学生还跑来跑去；学生注意听讲才给代币的那个班，老师上课时每个同学的眼光都紧跟着老师，全班秩序很好。

一样的时间，一样的代币，效果却大不相同。行为改变术讲求"即时后果"：一种行为出现后，你认为好的就马上增强，马上给他所要的东西，这是重要的关键。

曾有位教授闲聊时问我："我的女儿不喜欢上学，因为老师常考试，她感到很厌烦。有什么办法吗？"我说："你有没有给他零用钱？"他说："有啊！每个星期给五十元。"我说："你可以试试看，不要固定给零用钱；小孩子考试后，你看成绩不错，就给一些零用钱，作业做得不错也可以给。"一学期以后，那位教授在路上碰到我，他说："马教授啊，我上次去亲师会时，老师对我说：'你的小孩很不一样耶！竟然问我怎么那么久没有考试？'"

所以，我建议大家，零用钱不要平白地给，不劳而获的情况不应被鼓励；天下没有白吃的午餐，在社会上一定要先有所付出。教育训练的情境跟现实的情境愈接近的话，学习迁移愈大；所以，你的家庭要跟社会情境愈接近，小孩训练出来的行为也较易迁移。社会上没有人会像父母般平白无故地给，所以在家也不要平白地给。三餐是父母的责任，而零用钱则当作孩子的"特权"；孩子成绩好，就一定会给零用钱；如此一来，孩子的成绩就不必操心了。

再分两组做实验：一组是家长答应让孩子看完电视再写功课；看完电视后，小孩没有去做功课，家长问小朋友："不是说看完电视就要写功课吗？"小孩却还是继续看。另外一组，家长规定写完作业后，才可以看电视。这个实验中，"看电视"是增强物。

在行为理论实验里，还没出现需要的行为后就给他增强物，这是"倒退的增强物"，是没有效果的；有效的是，行为出现后再给予增强物。所以，家长要注意小孩喜欢吃什么、玩什么，口袋里面要准备一些"王牌"，等正面行为出现的时候再给他。

在夫妻相处方面也是如此。男女之间的感情其实是很大的增强物，这个原理可以用老鼠做实验来验证。将公、母老鼠分开然后中间通电，公鼠饿的时候，因中间有电流而不敢冲过去吃东西；但是，老鼠发情的时候，却会不顾电流地冲过去。由此可知，性行为是很大的增强物，可以好好地运用。

所以，当先生对你不好或是某些行为不合你的意，像是抽烟、赌博等，你就不要理他；等他表现好的时候，你可以装扮得很有吸引力，并加倍地爱他，如此便可以很快地调整他的行为。

但是，你必须能先控制自己。跟先生冷战时，你的皮肤表面也会累积潜在的电能，驱使自己去碰先生；这时你必须控制自己，等他表现好的时候再给他爱，这样才能把先生训练成自己心目中的好先生。先生及孩子的行为，你都是可以通过行为塑造的。

■ 天才也是需要培养的

你希不希望把小孩培养成天才呢？我个人不相信有天才，天才也是培养出来的。以前，台湾有个罗杰，爸爸是工学博士，妈妈则在邮政总局工作，后来全家移民美国。美国的教育制度允许跳级，若数学科目优异，十二岁就可进入研究所；罗杰便是十二岁就进入研究所就读。

研究所开学那天，爸爸带着罗杰去报到，却一时找不到教室；等找到时，教授已经在上课。当时黑板上写了十道题目，罗杰以为是作业，就赶快把题目抄下来。下一周上课的时候，他眼睛红红地将作业拿给教授说："我已经尽力了，只能做四题。"教授看了答案后，弯下身对他说："孩子，这不是家庭作业，这是当今数学界公认的十大难题。"

由此看来，有些人确实是天才。罗杰成名之后，美国有研究行为改变的学者到他家采访，想知道他的父母是如何培养出天才的。罗杰的妈妈说，罗杰一向很自动自发地学习，他很喜欢看书，功课从来没有令人操心过；不过，妈妈只要求他的课业成绩能拿 B 就好。因为，若是考试前读一遍会得 B，拿 A 要看三遍，那么，倒不如把另外两遍的时间用来学习新的东西。

我觉得她真是了不起的妈妈。为什么呢？很多孩子已经考九十八分了，妈妈还会骂孩子："那两分是怎么丢的！"罗杰的妈妈却能不断地鼓励孩子，不要为了追求满分而失去学习新东西的机会。

有一年他们回国省亲时，有一群专门研究资优教育的学者，问他的爸爸是如何培养他的？他爸爸说："我不觉得他是天才，我觉得天才是时间的累积。"他相信爱迪生说的那一句话："天才是百分之九十九的努力，一分的灵感。"

罗杰的爸爸本身学理工，认为数学很重要，但不强迫他，只要他喜欢看的书，他看得懂的都会买给他看；图书馆可以借到的，也会借给他看。原本家里客厅橱柜摆的是洋酒，他发现小孩子在客厅待的时间最久，便把洋酒换掉，摆他的书；在厕所也摆一个书架，孩子想看哪一本就可拿来看。小孩子能集中精神看书，如此便能日积月累。傍晚时他会陪孩子去散步，散步回来再陪他下棋。刚开始下棋时爸爸都会赢；一段时日后，爸爸要赢就愈来愈吃力；因为小孩较能全神贯注，不受外界影响。他觉得，经由阅读的累积，也能训练孩子的数学逻辑概念。

罗杰做功课的时候，妈妈会准备他喜欢吃的东西；他一面做功课，一面有喜欢的东西吃，这也是一种增强物。你要孩子放学回来就做功课，可以等到他做功课时才拿东西给他吃；若是你在两兄弟打架时叫他们吃东西，这便是在增强两

 亲子互动的小窍门

个小孩打架的行为。

所以，满足小孩需求时要注意掌握时机。孩子某种你喜欢的行为出现时，要马上给他喜爱或需要的东西；真的没有东西可给时，亲亲、抱抱都可以是很好的增强物。天才也是要靠父母培养的。

■ 注意生活习惯的养成

此外，父母还要注意小孩有没有养成良好的习惯，像是整理床铺及书桌、饭后刷牙、吃饭不出声、走路不懒散等，这些都是很重要的事。

先说刷牙习惯养成的重要。当年龄比较大了，比如到五十岁的时候，容易产生牙周病，有时甚至整排牙都要拔掉。什么时候会产生牙周病？当牙齿变黄，吃冷或吃热会酸痛，刷牙的时候会流血，牙肉一直在萎缩，这些都是牙周病的前兆，这时便必须做治疗；无效的话，牙齿可能要拔掉。人往往是在失去的时候，才懂得珍惜。从小保持刷牙的习惯，才能保持牙齿健康。

我在德国时看过一个广告：一个人吃了巧克力三分钟后，漱一口牙菌斑显示液，就看出来牙齿开始长牙菌斑。我看到很多德国人的牙齿很漂亮，后来才知道是假的。德国人很爱吃甜食，当地盛行巧克力文化，嘉年华时花车送的也是糖果；一疏于刷牙，就会有蛀牙的危险。德国阳光不足，一年只有

六百五十个小时的阳光而已;当室温二十九、三十度时,学生都不让教授上课,而要到外面晒太阳。因阳光不足,导致需要钙质的骨骼及牙齿较弱。德国最难念的便是牙科,因为牙科最赚钱。

我有位台湾政治大学的同事快六十岁了,牙齿都很好,我就问他怎么保养的,他说:绝不吃零食。从此我不敢吃零食,吃完饭后就刷牙。

因此,我们也要早点训练小孩子刷牙。为什么教孩子刷牙很难呢?因为他感受不到不做这件事会产生的严重后果;今天不刷牙,他的牙齿不会很快就蛀掉。但是,若等到牙周病产生以后才想补救,恐怕就来不及了。

至于整理床铺,很多爸爸妈妈没有教孩子养成叠被子的习惯;而德国的小孩从小就有整理自己房间的习惯,因为他们的家庭教育是这样教的。此外,德国人吃东西时不会出声,嘴巴是闭起来的。我在德国时,有一次看到一位亚洲人进餐厅吃饭,咀嚼声很大,先来的德国人就端着盘子移到别桌去了。

我在德国读书的时候,每年都要替台湾来的同学找房子,因为在德国申请学校宿舍要等一个学期。有一次,来了一位申请到药学系的同学。德国的药学系跟牙科一样难念,他们的训练很严格。

药学系的课是上午教授讲课,下午做实验。他们的实验与我们台湾的实验不一样。我们是助教写实验过程,再发器材，每一组做完后交小组报告，时间到了就结束；德国则不是这样，他们是由学生自己看实验资料。比如一个学期有十三个实验，每个人自己选择要进行的实验，然后去助教那里领取仪器，做完实验结果出来再跟助教核对，对了再发下一组仪器设备；这个不通过，下一个就没办法继续做。

这位台湾同学很用功，每天都念书念得很晚。有一次我去他那里，只见桌上摆满书，沙发椅上则堆满了衣服；见我没地方坐，他就像秋风扫落叶一样，迅速把衣服杂物全移到床底下。他把床单掀起来时，我看见床下有一堆袜子。我问他："房东没有说要整理房间吗？"德国的房东一向都会交待要将房子打扫干净，衣服不能晾在外面让人看到。他说，女房东有来过一次，就再也不敢进来了。

他后来申请到学校宿舍就搬走了；之后有新来的台湾同学要租房子，但房东却说不愿意租给台湾学生了。一个人的行为会影响其他人，不要认为自己的生活习惯与他人没有关系；个体行为会影响到整体形象，由此可见一斑。

现代人要追求生活品质，家庭的整洁秩序是德国人所强调的，所以他们重视家庭教育。家长要追求家庭生活品质，就要训练小孩整理他们自己的房间，养成好的生活习惯。

■ 不同阶段会有不同需求

有些家长说，孩子小时候很听话，上了初中就变得叛逆，

他很担心,问我该怎么办?

其实,这是自然的情况。因为到了青春期以后,有些东西是父母没有办法给的;像是友情、异性的情感等,这些是父母没有办法取代的。有时候家长会很伤心:"我怎么跟他讲都不听,他女朋友的话就言听计从。"父母要了解,他的需求已经改变了,这是孩子成长的自然现象;等他们长大后思想价值改变,自然会回到你身边。叛逆时期,孩子刚开始塑造自己的价值观,有时你认为重要的东西,他认为不重要;此时,学校教育和同侪的影响比较大,家长只要注意孩子不要学坏就好。

话说回来,零用钱虽然是一种增强物,但是你若给得太多,他胃口会愈大,这样是不行的。比方说,当一个人觉得渴的时候,你给他水喝,水才发挥功能;他不渴时你就给他水喝,水是无法真正发挥作用的。

行为改变很简单,要特别注意"剥夺"这个词,也就是让他处于不满足的状态,困难的是:他要的东西你能不能给他?你给他的东西能不能满足他的需求?每个人的需求不同,同样的人在不同时间也会有不同需求,所以父母必须观察孩子需要什么。

如果家庭不能满足孩子,他因此产生不良行为,你要怎么处罚?现在的家长打小孩的话会被告;在德国,家长偶尔在家里自己打,在学校则不容许老师打;他们会告诉老师:

"我没有学过教育，才会用打的方式；你受过教育专业训练，还用打的，表示您没学好。"而且，体罚是违宪的；因宪法规定人身不可侵犯，老师打学生已侵犯到人身自由。

根据实验结果，责打是没有效果的；打的当时，或许能立竿见影；但没过多久，又会故态复萌。上课的时候若全班很吵，找一个带头的学生处罚，三分钟内会鸦雀无声，但三分钟之后就一切如故。责打可以立竿见影，但效果不好。

处罚有两种，一种是将令人厌恶的事情加在他身上，像是打他、骂他；另一种是把原来要给他的东西都收回来；比方说，老师就可以用扣分的方式。再举个例子，小孩若是功课没做好，就罚他不能吃饭，这也相当于"剥夺"——他想吃的不给他吃；方法或许有待商榷，但是却不用责打。所以，家长可以不给零用钱，或是让他罚站——术语叫"隔离"，让他失去自由或不能拥有平常可以有的东西，这些就是"剥夺"。

家长在不得已的情况下，在处罚小孩之前，要先建立预警制度，例如"数到三"："我数到三，若你们两个还在打架，我就两个都处罚。"这是我个人实验过的。有一次，我的两个小孩拿雨伞打架，我担心他们伤到眼睛，就叫两个人停下来；他们不听，我就说："我数到三！"数一、二时，他们还不理我——通常第一次都如此；数到三时，两个还在打，我就真的两个都处罚。处罚过之后，以后他们当然免不了还是会打架；可是当我开始数的时候，他们就会停下来，因为已经建

立了预警制度。重点在于,第一次处罚的时候,就要重重地罚,让他们日后会想避免受罚,不再做出会受罚的行为。父母要善于利用这样的行为改变技术。

■ 非理性信念导致情绪困扰

接下来谈谈情绪困扰的问题。一般人遇到挫折如果有"重要他人"的安慰与鼓励,较能获得支持的力量。然而,当自己或亲密的家人或朋友遭遇挫折因而心情不佳、情绪低落时,你可以用什么方法为自己或他人舒解?

情绪不稳定时,感到很沮丧,感到压力太大,没办法解决;情绪稳定的时候,则觉得心里很平静。"天下本无事,庸人自扰之",这句话是千真万确的;研究发现,人的一切困扰都是来自非理性信念,因此才导致有挫折感,产生情绪上的困难。我们碰到困难的时候,便可以告诉自己一些话,将烦恼一个一个地化解,使自己不会庸人自扰。

我对证严法师很钦佩,个人也受到他一句话影响。我有一次在复印店的墙上,看到一句静思语:"生气就是拿别人的错误来惩罚自己。"以前我很容易生气;后来,当我生气时就会想到这句静思语:我为什么要拿别人的错误来惩罚自己?然后就渐渐地让心情平复下来;训练两年后,便比较不容易生气了。自我训练很重要,每个人都应该自己做一下心灵训练。

那么,如何转化非理性信念呢?想想事情的另一面,以

跳脱、抽离的眼光来与自己对话，可作为遇到挫折时调整情绪的方法。

埃利斯（A. Ellis）认为，人的情绪困扰多半是由于自己非理性的信念所产生；他一共归结十个非理性的信念，它们随时在困扰着人们。

以下便列出这十个非理性的信念，并且针对这些非理性的信念提出因应之道。这些因应之道主要是根据第三方面的信念，强化行为者对行为控制力的信心；用启发式的格言，或由行为者自我训喻（self-instruction），使情绪有困扰者改变其信念，进而摆脱情绪的困扰。

一、我必须得到每一个"重要他人"（significant others）的喜爱与赞许。

所谓"重要他人"，是指对自己有影响力的人，也就是拥有增强来源者，如父母、师长、配偶、主管、同侪等。从行为改变的观点，重要他人的喜爱一旦断绝，可能也断绝了增强的来源。

对此的因应之道是："别人没义务爱你或赞许你，你用不着去渴望某重要他人的爱或赞许。""不要渴望别人将我当成第一顺位，因为人都必须先照顾自己。"

二、我必须能力十足，至少在一些重要的领域要有干才

或天才,才是有价值的。

有这种信念者一旦受到挫折或失败,则容易对自己失去信心,变得沮丧。

因应之道是:"人外有人,天外有天,不必因自己不能达到最高的能力或成功而伤感。""人用不完他所占有的一切,有了就不必继续追求占有。""现在我所占有的一切都是上天借给我的;因为我出生时是空手而来,在生命结束时,我所占有的一切都将归零。"证严法师说:"知足之人,虽卧地上,犹为安乐。不知足者,虽处天堂,亦不称意。""要自己快乐,先让别人快乐;要自己成功,先看别人成功。""人生无法掌握生命长度,却能自我拓宽生命的宽度与厚度。""做人要有一份平常心,一份平凡的念。如果大家都自觉平凡,人生就平安了。"

三、某人坏透了!他卑鄙龌龊,他的恶行应该受到严厉的惩罚;他没受报应我心不甘。

因应之道:"人非圣贤,孰能无过,得饶人处且饶人。""他被惩罚,你也得不到益处。""原谅别人就是造福自己。""忍一时风平浪静,退一步海阔天空。"《圣经》中说:"寻求报复者必需挖两个坟墓。"证严法师说:"理直要气和。""生气是拿别人的错误来惩罚自己。"

四、当我受到挫折、被人不公平对待或被人排斥时,我

觉得世事好可怕。

因应之道:"当你受到挫折或被排斥时,要理性地找出原因,不要因而视为畏途。把挫折当作风暴;当风暴来临时,只有接受它,因为没有不含风暴的气候。""黎明之前总是最黑暗的时候。""上帝关了你一扇窗,他必定替你开了一道门。""命运不是决定于遭遇,而是决定于如何解决遭遇。"

五、情绪上的痛苦是来自外界的压力,我无法控制或改变我的情绪。

因应之道:"情绪上的痛苦是源于自己的感觉;你应有信心,能控制自己的感觉。""我不能改变天气,但我可以转换心情。""树的方向,由风决定;人的方向,自己决定。""人是理性的动物,别被情绪牵着鼻子走。"

六、有些事情看起来就很危险及可怕,我一直担心它的来临,例如怕婚前怀孕、怕被解雇、怕得不治之症等。

因应之道:"如有危险或可怕之事,不要对它忧虑,而要理性地面对它、化解它。""任何危机都是磨练自己成长的转机。"

七、逃避实际生活上的困难、挑战与责任,要比面对它更容易。

因应之道:"逃避生活窘境与责任只是暂时的苟安,问题仍然存在;长远之计宜奋发图强,面对困难、面对挑战、接受责任,将之视为训练自己解决问题能力的机会。""逃得了一时,逃不了一世。"

八、过去仍然是最重要的;因为,一度影响我生活的,会继续决定我的一切。

因应之道:"往者已矣,来者可追,现在与未来比过去更重要。""以前种种譬如昨日死,以后种种譬如今日生。""与其沉溺于过去的夕阳,不如欣赏明日的黎明。""面向阳光走,阴影永远在背后。""不要让过去的污点成为未来的阴影。"

九、情势应该比现在的还好;假如我对生活的冷酷现实找不到好的解决之道,那不是很惨?

因应之道:"人生不如意之事十常八九,事情总有好转的时候;黎明前总是最黑暗的时候,要有耐性。""天将降大任于斯人也,必先苦其心志,劳其筋骨,饿其体肤,空乏其身,行拂乱其所为,所以动心忍性,增益其所不能。""困难与挑战是帮助自己成长的垫脚石。""不经一番寒彻骨,焉得梅花扑鼻香?""没有暗礁,哪能激起美丽的浪花?""静海训练不出好水手。""山穷水尽疑无路,柳暗花明又一村。""天无绝人之路。""当您掉到谷底时,不要气馁,因为以后您所走的每一步

都是向上。""海浪因暗礁的冲阻而澎湃,生命因逆境的淬炼而坚韧。"

十、凡事任其自然,消极无为,安逸亦可自得其乐。

因应之道:"幸福来自积极、勤奋,并非懒散自娱,有耕耘才有收获。""成功是留给有准备的人的。""积极地度过每一个今天,因为每一个今天都将成为明天的回忆。"

希望以上所举的因应之道,能让家长及孩子们都能避免非理性情绪的困扰,进而一起开创美好的人生。

爱是多一点了解

爱孩子,
就是要了解孩子的优点在哪里,
他的需求是什么、擅长什么;
如果多留意,
就能帮助他往好的方向发展。

◎何进财 教育学博士

首先,让我们来看一些数据。据统计,一九七六年,台湾大专院校学生仅有二十九万九千人,到了二〇〇三年度则有一百二十七万人,包括八十八万名大学生、十二万多名硕士生、两万多名博士生、二十几万名专科生。台湾是全世界高等教育第五大地区,平均年龄的净在学率,以二十岁为例,一百人里面就有四十六个读大学,全世界排名第五,只排在韩国、加拿大、新西兰及澳大利亚后面,还超前美国及日本。

这些数据代表了台湾地区高等教育的普及化,高等教育已经不再是仅由少数人独占的精英教育了。所以,家长要谨记:孩子求学有目标、有兴趣最重要,他身心健康最重要,不要逼他一定要考第几名,或是要读某个名校。许多家长都是被一句广告词误导了:"不要让你的孩子输在起跑点上。"

全台一年中有六百五十名学生死于生病或意外,可见成长过程中要面临许多挑战。但很多家长忽略了生命中的其他部分,总以为"赢在起跑点"就代表赢了;却忘记了:人生是跑马拉松,不到最后,不知道谁会胜出。

一九八一年左右,台湾地区初中生有四十二万人,到一九九一年剩下三十二万;二〇〇一年为二十六万,二〇〇三年剩二十二万七千人。新生的婴儿,每年少了将近一半。这种情况对台湾是很大的威胁。我们目前是八个人养一个老人,十年后变四个人养一个老人,二十年后变成二点七个养一个。这个数据表示,我们的孩子将来所负担的责任是目前的两倍

以上。

所以，孩子或许不能让他输在起跑点；但是，我们更不希望他半途而废，或者在半路倒下。

■ 教孩子懂得感恩

有一对父母，在孩子十二岁时就将他送到美国念书，一直栽培他念到医学博士。孩子三十岁回来娶了老婆以后，爸妈把一幢价值三千五百万元（新台币，下同）的房子送给了他；不料，孩子却将家中钥匙换掉，不让爸爸妈妈进去。这对父母相当气愤，便去法院告自己儿子，把房子要回来。

我还曾在电视上看到一则新闻：有位退休的大学教授，哭诉他三个儿子不孝；其中有两个博士、一个硕士，都在国外，却没有人肯回来赡养他。另一方面，媒体也曾报导，台南市有一位洗车工，每个礼拜二都骑脚踏车回乡下看他妈妈，来回一百三十公里，一趟要骑十小时，十多年如一日；他的薪水一万八，给妈妈一万二，六千块留着自己用。两相对照，你觉得孩子应该怎么教？

父母往往极力栽培会念书的孩子。但是，有许多事例显示，受到栽培的孩子往往志在四方；当父母年迈时，可能是那个当年学业表现不佳、比较没有受到栽培的孩子，留在父母的身边，承欢膝下。

以我自己来说，因为小时候家里很穷，原本大姊、我及

二弟应该负担家计,不能继续读书;我的恩师硬是去游说我爸爸,且让我免费补习,因此改变了我的命运。高中毕业以后,我到北部念大学、研究所,考上公职之后一直留在台北发展,每个月只能回家一两次;十几年前还曾有过三个月没回乡下老家的纪录,都以"很忙"为理由。等到我爸爸十多年前往生以后,我才警觉到应该每个月都要回家一两趟,或至少每个礼拜打一通电话跟妈妈报平安。连我这种从小被栽培的孩子,也一样会遗忘父母。

以前父母怕孩子没有饭吃,现在的父母是害怕孩子不吃饭。以前父母辛苦,孩子也跟着辛苦;因为孩子看得到爸爸妈妈在忙什么,所以他懂得体谅,能有体贴的心。现在的社会形态改变了,孩子看不到爸爸妈妈在忙什么。其实,要让孩子知道,在他成长的过程中,除了父母的辛苦照顾外,还仰赖了许多人的协助,他才会感恩,以后才会回馈社会,才更懂得反哺报恩。

■ 了解孩子的优点

孩子将来要如何发展、成为什么样的人才,要视他的天分及所付出的努力;但是,父母一定要了解孩子的优点在哪里,并且给予帮助。不要老是只讲他的缺点,这样会愈讲愈难堪;孩子被讲得越来越不好,更会对自己失去信心。

建议父母常要记住:"孩子会什么?"不会什么不那么重

要,要注意他会什么、他喜欢什么;因为,只有孩子喜欢的、有信心的、有兴趣的,他才会努力地做;就是要让他用自己的优点去赢别人的缺点,努力发展,才有机会出头。如果把他的缺点去跟别人比较,他会一直被比下去,而愈来愈没自信心。因此,他做不好的不要那么在意,应该多发现他做得对的、做得好的;无形中,他不好的也会越来越少。如果他擅长的事物能发展出一片天,那些不会的就不再那么重要。

有一个寓言故事:动物学校里有乌龟、松鼠、兔子、小鸟等多种动物,老师要大家推荐自己最喜欢的科目作为共同的必修科目;于是,乌龟说学爬,松鼠说学爬树,兔子说学跑,小鸟说学飞,鱼说学游泳……之后,小鸟遇到要上游泳课的时候,它只好跷课,因为它不跷课就会淹死;而其他动物,也都会面临类似的困境。

第二个故事是:乌龟觉得自己爬太慢了,赶不上时代,所以要学小鸟飞;于是,乌龟就爬到树上要学飞,结果摔个半死。不但飞的技术学不成,连爬的技术也没了。

从这些故事中,我们学到的教训就是:不同的个体各有所长,在多元智慧的观点下,我们不能强求每一个人都是通才。

我强调"爱是多一点了解",就是要了解孩子的优点在哪里,他的需求是什么、擅长什么;如果多留意,就能帮助他往好的方向发展。如果硬要跟同学比较,跟亲戚比较,孩子

往往会愈比愈伤心,愈比愈泄气。

■ **倾听、接纳、关怀**

现在的家长很辛苦,因为孩子懂得很多;忙碌的父母往往不清楚孩子的状况,孩子却有自己的看法。但是,了解后就会谅解,不会误解。

家长要从倾听出发,接纳孩子、关怀孩子。小朋友在幼儿园阶段最喜欢爸爸妈妈,抱着你、拉着你,你骂他,把他赶走,他都会哭着回来求你,因为没有你他活不下去,真的是"衣食父母"。上小学以后,父母地位下降,老师地位提高,孩子满口都是"老师说",对老师的规定都奉为圣旨。到了小学五六年级的青春期时,则变成对父母说:"我跟同学要去玩,不能陪你回乡下。"到了初中,找他参加喜庆宴会,他会说没空;即使有空他也不去,因为他想独立,想跟同学一起去玩。生理发展到某一阶段,心理也会跟着调整;父母要跟得上孩子成长的脚步,要试着了解孩子的心理,多倾听孩子说的话。

父母要用同理心听孩子说。孩子有时听不懂我们的话,我们有时也听不懂孩子的话,所以要相互体谅,要接纳他、关怀他。

适时的口语表达也很重要。孩子有优点或好的表现,你没有鼓励他,以后他什么事也不跟你讲;彼此越来越不讲话,你会越来越担心,而且有意无意间在表情上展现。所以,当孩子要跟你说话时,你要赶快放下工作,甚至连正在煮饭都要先把煤气炉关小或关掉。如果孩子兴冲冲地跟你说:"妈妈我成绩很好……"你却说:"等一等,我正在煮饭,没空啦!"煮完饭后,又变成"吃完饭再讲",吃完饭后又"等到洗好碗再讲";最后,他干脆就放弃,不跟爸妈讲了。等到有一天,你想跟他说话,他也用你当初对他的态度对你:"我很忙啦!我要打电脑、写功课,你等一下再讲……"为什么会这样?因为孩子有样学样。

教育就是爱与榜样。家长如果发现跟孩子的互动不理想时,可以偷偷录音下来,看自己与孩子的互动之间,是不是对孩子讲了很多不好听的话。

■ 相爱容易相处难

通常,相爱的时候都会讲很好听的话,结完婚后丑态就表露无遗,甚至会为了挤牙膏、鞋子放哪里、谁要洗碗等事情吵架;当初恋爱时都不会碰到这些情形,就算真的要自己洗碗也装成很高兴的样子。

许多夫妻在谈恋爱时约会没有钱,只能走路、爬山,彼此都能欣然接受;结婚后,要找对方一起爬山,双方可能因为家务及责任不同而改变喜好。我曾问太太,以前不是喜欢陪我去爬山吗?她说:"以前有以前的考量,现在有现在的

衡量；何况，你爬完山后回家没事，但是我还要煮饭、做家事。"这就是"相爱容易相处难"的一面。

所以，相处时要多讲情、少讲理；先讲情就有缓冲的空间，若多讲理就难免会吵起来，因为一讲理就会指责对方不对。因此，还是先数落自己吧，对方也就会跟着让步了。

年轻时，我们夫妻也像一般夫妻一般，难免因意见不同而吵架，之后都是我先说对不起。我也想过，倘若我不先说对不起会怎样？太太可能就不跟我讲话，回到家就像冷冰冰的监狱一样，那还得了！万一我将太太骂跑呢？孩子怎么办？孩子的心理怎么调适？想到这些，我就干脆让太太发泄一下，等她讲完后再向她道歉就对了。

同样的道理，父母跟孩子互动时，即使有争执，也不要用话语刺激孩子，像是"你给我滚出去！"之类的话。孩子是很容易受伤的，他会想："是你讲的，你叫我出去的！"然后就伤心或负气地离家出走。父母千万不要认为孩子不敢真去做，为了一时之气就一再地用话去刺激他，而忽略他真去做的可能性。

■ 爱要让孩子知道

《心灵鸡汤》第一册第一篇的《爱的力量》提到，二十五年前，有学者对美国巴尔的摩贫民窟的两百个贫民儿童做过调查；调查的结论是，这两百个儿童日后不会有所发展，因为他们生活条件太差，资质又不好。二十五年后，这份报告被另外一位学者发现，开始追踪调查，看那两百个孩子现在的状况如何。结果，追踪到一百八十位；其中的一百七十六位成为工程师、教师、律师，都是成就杰出的人士。

学者对这样的结果很讶异，怎么会跟预测有这么大的差别？便询问那些孩子，到底碰到什么机缘？他们都说没有，但都说遇到一位好老师；再去问那位已退休的女老师，到底是用什么方法带他们的？女老师说，她只是爱他们而已：相信、肯定、接纳、鼓励他们。这个故事告诉我们，爱的力量有多么大，是难以想象的。

有一本书叫《赏识你的孩子》，里面提到一个重点是："一直说你行，就算本来不行你也会慢慢地变行；反过来说，一直说你不行，就算你原本再行也会慢慢地变不行。"孩子需要人家夸奖才会有自信；所以，通常鼓励比处罚有效。处罚不是完全无用，但要有转变的机制；而鼓励却可以让孩子持续做对的事。

处罚时一定要告诉孩子原因，还要告诉他怎么改。宏碁创办人施振荣先生在传记里提过，他小时候被妈妈痛打过，他不但不抱怨，反而感谢妈妈打他。因为他跟同学打牌赌博，妈妈发现以后，确定他真有赌博行为，就痛打他一顿，叫他以后不可参与任何赌博。他感谢妈妈从小严格教导他；要不然，他可能会像他的同学般，因在学校打牌被发现，而被记

过退学。因为有妈妈的严厉教训,同学再邀他去玩,他都说妈妈禁止,才有勇气拒绝。他永远记得及感谢母亲打他的那一幕,日后才能正正当当地做事,不投机取巧。

所以,父母一定要让孩子知道,处罚是因为爱他,要告诉他处罚的理由,以及错误应该怎么改正。

■ 人生如马拉松,跑得早不如跑得好

跑得早不如跑得好,学得早不如学得好。现在台湾的孩子很辛苦,要学国语、英语,还有客家话或闽南语。有些小孩子很小就开始学,没有时间玩,这是非常可惜的;很多孩子像饲料鸡,只有体重没有体能。台湾的孩子在创意上有一定的优势,除此之外,还要增强孩子的挫折容忍力以及体力,这样他们才能保有竞争力。

孩子如果赢在起跑点,当然不错;万一没有赢在起跑点,也千万不要泄气;人生是万里赛跑,不到最后不知谁输谁赢。奇美董事长许文龙先生的回忆录里提到,他小学毕业时,初中考了两次都考不上;他当时并不生气,只觉得考卷一定有问题。因为他觉得自己很聪明,大家也公认他很聪明,为什么考不上?他自己觉得,因为老师都出别人会的,而没出他会的。我碰到过这种情形,深有同感。一九五九年我考嘉义中学时,作文题目是"停电的晚上";但是,我高二那年家里才有电灯,因此很难体会停电的滋味,如何能阐述停电的感受?

所以，孩子考差了，不要一味地骂他，只要让他自己反省哪里要改，这样就可以了。许文龙就因为他的妈妈没有怪他，所以力争上游，找他在行的。功课输人，就专心于他的技术，以及观察人物；他功课不行，不代表别的就不行。他读进修学校时，每次月考都是最后一名，三年都是，但他并未因此泄气。当初第一名毕业的，现在是靠薪水过活；但他这个最后一名的，却成为台湾十大企业家。学习是一辈子的事，不能用前半段人生判断一个人的未来。

父母千万不要眼光短浅，在孩子面临挫败时，又给孩子羞辱；跑得早不如跑得好，人生就像跑马拉松，还是有许多机会可以迎头赶上，甚至后来居上。以我为例：我读小学时，国语、闽南语讲不清楚；初中时成绩都是倒数十名；因为我要种菜、卖菜，所以得向学校请假。我初中读嘉义中学新港分部时，每次考试都有一科或二科红字（不及格）；但是，出人意料地，我高中是以优异的成绩毕业。

我还是跟以前一样卖菜、一样种田、一样请假，只不过，会读书的好学生都去读嘉义中学（高中），我则是留在母校——后来改制为县立新港中学。我常想，因为池塘里没有大鱼，吴郭鱼（罗非鱼）就是老大；由于同学们的"礼让"，才让我有机会得到老师们的特别关爱。

在新港读高中的时候，只要上课认真听就能名列前茅，这让我恢复了信心。高中三年对我是非常重要的关键时期；

如果只念到初中,我可能就没信心了。三年的高中生活里,我回家根本没有时间用功看书,只是上课用心听课;也因为很多同学连课都没兴趣听,所以很多老师疼我、指导我、帮助我。后来我还被推荐为县立新港初中的杰出校友,同时也是嘉义中学杰出校友。

因此,孩子不一定要读北一女、建中等明星学校。若是念这些明星学校还是前几名,则会愈读愈起劲;若是勉强去读,就会觉得怎么都追不上人家。其实,不是你程度差,而是其他人太强了。但是,每个孩子开窍的时间与学习的优势都不同;重要的是,要依自己适合的速度与方式按部就班地学习,而不要在比较中失去信心。

孩子若能自起跑点一路领先,那当然很棒;只是,我们的孩子能那样幸运吗?倘若不是,也不用悲观。所谓"三分天注定,七分靠打拼",有些资质优秀的孩子,我们的孩子不一定有办法跟他们比,因此我们根本不要去比较,否则孩子会被比下去。我们是要比出希望、比出信心,对孩子的优点便要多鼓励。我们要鼓励孩子,或许比不上人家聪明,但我们只要努力再努力,成就仍然不会逊色。总之,家长要能知道孩子的长处,不要只在学业成绩上斤斤计较。

■ 给孩子需要的历练

家长们还要记住:要给孩子最需要的,而不是给他最好的。例如，如果他不想补习，就不要勉强他；倘若他要求去补习，就让他去，否则他日后说不定会怪爸妈。若是他不想去却硬逼他去，也只是父母花钱求心安而已。如果去补习只不过让成绩多两分，那还不如回家让睡眠充足些来得好——健康比一两分的成绩更重要。

很多在填鸭教育下长大的孩子，成绩只能赢到大一而已，大二以后就输了；为什么？因为他们读累了，不想读了，上了大学就开始松散。而资源不足但主动想读书的孩子，在大二就追回来了——我就是其中一个。因为我们小时候求学很辛苦，所以上了大学很珍惜，每天都当最后一天用——我到今天还是如此。但是，现在的孩子普遍缺少这样的历练，这是值得家长深思的。

要了解应该怎么样教孩子才是最重要的，而不是别人怎么做，我们就照着做。以我而言，我不希望孩子去打工，我宁可叫他参与社团，而且要当社团干部，成绩少几分没有关系。在社团里，有需要共同合作才能完成的事情，因此可以磨练与人沟通的能力，进入社会之前就能累积许多经验。

现代父母过度保护孩子，让孩子失去了许多磨练发展的机会。有个朋友的孩子在上成功岭训练营地军训时，单杠连一个都拉不上去；为什么？因为爸妈怕他搞得很脏，他从小就没有在地上爬过，所以肌肉从小就没有好好发展。

还有，国防部现在很辛苦，气温三十几度就不准操练，

行军还要有氧气车跟着；万一士兵中暑了，指挥官及干部会被处分。但是，若真的打起仗来，哪来的冷气和氧气车？老实说，这都是因为我们的家长宠得太过分，久而久之就会产生很多问题。反过来说，倘若孩子能从小就受到磨练，成为顶尖人才的机会会比较大。

若孩子在学校遇到委屈，家长在处理之前，不妨先问他为什么？让孩子自己先想一想，思考如何处理，爸爸妈妈可以帮什么忙，他可不可以自己解决。这就是机会教育，孩子迈入社会后才知道在什么情况下该注意哪些事情。

要给孩子最需要的历练，而不是给他物质享受。企业界为什么喜欢抗压力强、有敬业精神、有礼貌的人？即使专业能力不足，只要训练就好。公司最怕的，就是那种常迟到、无缘无故请假、不负责任又有推托之辞的人；现在有些年轻人就变成这样。为什么？因为从小没有养成负责任的习惯。在学校若是东西忘了带，就要家长帮他送到，久而久之养成习惯，老是想要别人帮忙，自己却没有能力去帮助人家。

日本、德国也有这样的情形：孩子读完大学不就业，因为工作辛苦，跟爸妈说他在职场好难过，而且薪水又低，请假也不准，所以就不想去上班了，父母也任由他；求职两三次之后，就干脆待在家里。报纸报导过，德国有些年轻人，因为家里很有钱，他就把继承的房子卖掉，然后租屋就可以过一辈子了。这种情形，台湾也可能会发生。我们台湾每年只有二十二万名孩子出生,谁不把孩子当宝贝?

现在的年轻人有创意,但是却不一定懂得礼节,因为从小就被爸爸妈妈宠坏了。如果你的孩子没有被宠坏,以后一定会有前途;即使输在起跑点,也会赢在终点。尤其要培养孩子随身的专业能力,父母老了才有保障;要不然,未来二点七个年轻人养一个老人,他们怎么养得起?

■ 了解孩子的兴趣所在

要培养孩子,家长便要了解孩子最喜欢什么、最不喜欢什么,最好的朋友是谁、最敬爱的老师是谁、偶像是谁,然后引导孩子往好的方向认同,便可省去许多操心与烦恼。

例如,美国NBA著名球员乔丹要来台湾,孩子要去热烈欢迎,我赞成;但是,要去欢迎影星歌星我就有意见,因为台湾不缺影星歌星。目前,青少年认同的偶像,十个里面有九个是影星歌星,这是让人忧心的。家长及老师要相互交流,才能知道孩子想什么、喜欢什么,对他所认同的而且是正面的偶像,不妨鼓励他多学习。

对于他的朋友,你认为有问题的,不要马上对孩子说"你少跟他来往""不准跟他打电话"之类的话,接到对方的电话时,也不可叫对方以后不要再打来;否则,你的孩子以后一定不会告诉你他有哪些朋友,因为他会觉得没有面子。你可以装成不知道,鼓励他邀请朋友来家里,鼓励他参加好同学的聚

会，不好的则慢慢让他疏远，或减少聚会的次数、时间。

不伤害孩子的自尊，亲子间才能拥有良好的沟通。有些年轻人需要尊重，但他未必能谅解父母的为难，因为他从小就有很优渥的环境，不知道父母的辛苦。有句闽南语说："双手抱孩儿，才知父母时。"没有当上父母，很难体会为人父母的辛苦。

■ 不要唠叨，但要有原则

至于孩子的表现没有令你满意，不要先伤心并唠叨。当他在外面摔了跤，就会自己想起爸妈的叮咛；否则，你讲太多他就会嫌你唠叨，唠叨完了就不理你。若是要讲，就要讲得清楚明白，让孩子确实知道父母亲的原则所在。

我女儿有一次在同学家打电话回来，说同学因父母出国，便要求我女儿在她家过夜。我不同意，就跟她说："她爸妈要出国是早就决定的事，为什么没有早些找人做伴？应该是要训练你的同学独立。既然如此，为什么要坏了人家的计划？"她回家之后很生气，招呼不打一声就径自进房。

我当时深呼吸一下，不马上回应，之后再通过太太去开导女儿，说明我的立场及担心，并让她开导女儿向我道歉。总之，有一些原则是父母必须要坚持的。

隔没多久，她又一次告诉我要住在同学家，我这次还是说不准，要她回家。她回来后不但不生气，还跟我道谢。我问她原因，她才说我这次帮她解了围；因为她这次不想住，但又不敢直接拒绝,还好有我帮她挡住了,同学就不会怪她。

所以,不要因为孩子闹脾气你就让步;应该表达你坚持的原则是什么,孩子以后才知道父母是有原则的,知道什么事不可以做。

此外,我还告诉女儿:"爸爸妈妈只生了你们两个女儿而已,你们就是爸妈的宝贝;万一你们有什么状况,爸妈一定睡不好觉。"总之,爱要让孩子知道,但责备中要不忘关爱;就算讲了重话,也要有个缓冲,让他知道:"我是因为疼你,才会……"就算他今天不能理解,改天遇到某些情境时,便会了解父母的考虑是有道理的。

■ 培养孩子的自信与视野

"学生"是要学习生活、学习做事、学习求知、学习相处、学习成长,不只是学习考试而已;所以,孩子的成绩再差,也不要马上责骂他。

天下文化出版的《与幸福有约》是美国家长一定会读的"家庭教育教战手册",其中有一个观念:孩子成绩不好不能怪他,父母要先问自己以前成绩如何;自己做不到,如何要求孩子得做到?书中告诉家长,要了解孩子的优点在哪里,尽量鼓励他的优点,而不是一直责备孩子为什么不行;否则,孩子会被愈讲愈不行。

有家长一直向证严法师说自己的孩子不好,法师最后只

问:"你的孩子有没有吸毒?"家长说没有,法师就说:"那就恭喜喔!没有吸毒,这一点就很好。"你看,即使"不吸毒"都可以算是优点。

各位可以再看一本书,口足画家谢坤山所写的《我是谢坤山》。他没有双手,还失去了一只腿、一只眼睛,但他的笑容比一般人还要璀璨,还要亮丽,充满了信心及豪气。翻阅这些励志书,可以让我们得到激励与启发,开发出无限潜能,做自己的生命主人。

此外,若有机会,就让孩子多去外面旅行。我的小女儿念大学时,有一年的暑假便自己向学校申请去耶鲁大学附设医院见习。她在台湾上网订好票,抵达美国当天是礼拜五晚上,就住在纽约的YMCA(基督教青年会),礼拜六、日便去参观博物馆,到音乐厅欣赏管弦乐团的演出,看歌剧。后来去杜克(Duke)大学时,曾打电话回来问妈妈菜要怎么炒,因为她要掌厨。国际电话一聊一个小时,花了不少电话费,但我认为值得;为了解决问题而打电话,解决之后女儿及父母都会心安,这个费用即使要我省吃俭用,我也花得心甘情愿。

经过这样的训练,她也懂得用钱。去杜克大学公费游学三个月,我补助她两千块美金;她不但没有花掉,回来后还给我二千四百元。原来,她一个月有六百元美金的生活费补助,因为她都自己煮饭、买菜,所以还存了四百元。我要将

四百元还给她,她说要通通给我,改天她要用时再跟我拿。

我相信她,她也相信我,以后她出国,再多钱我也给她,因为她不会斤斤计较那四百元美金。她懂得用钱,用剩的通通还给父母,不会再多要,因为已经养成规矩了。

我们从小便陪孩子背《三字经》,背唐诗、宋词,打好国学基础,并告诉她们:思想开放,但行为要守常。此外,也陪她们玩扑克牌,捡红点、接龙、拱猪,从小教她玩数字游戏;为了陪她玩象棋、围棋、五子棋等,本来不会的我,还认真去学了再来陪她玩。我还带她们旅行,去到哪里都去参观大学,小学时就看过台湾二十多所大学,回到家便查资料,拓展她们的视野。

平常则会带孩子爬山,锻炼身体。我不会计较孩子的成绩多几分或少几分,宁可孩子多涉猎各种知识,以后就能触类旁通。我告诉孩子:若花一小时考八十分,花两小时考八十五分,花三小时得九十分,花四小时得九十五分,那么,我只要她考八十五分就好了,其他时间则用来读别的课外书,或去锻炼身体。她的考试分数或许只有八十五分,但加上其他所得,会有一百二十分的成效。

■ 让孩子择其所爱

想想看:中小学的考试内容,以后会用到多少?读书是为学会生活,能获得归纳能力、分析能力才是最重要的;至于一

些琐碎的内容背到一百分,我认为不需要。或许有人会说:不对,我们要卓越,要第一,不要第二;但我则是不要第一,只要小孩自己喜欢,知道做什么就行,为什么一定要第一?了解孩子要什么最重要,而不是别人要什么;孩子要的不一定是你要的,也不是别人要的,但只要孩子喜欢就可以。

我的大女儿初中时读台湾师大附中。附中每年的平均升学率很高,但考上高中第一志愿的最多十几个而已,考上中间志愿学校的人比较多;因为,他们强调五育均衡发展。当时在两百八十几个同学中,我的孩子一百零几名,我太太好紧张;但我认为,她写文章投稿、参加辩论、参加演讲都是顶尖的,没有太注意功课,当然会输人家几分——每科输五分就掉到一百名以外;但是,一科差五分有什么关系?

初三的时候我才叫女儿收心,她哭着说来不及了,觉得自己差人家很多,愈来愈紧张。我就陪她一科一科地检讨:她英文七十几,别人九十;数学别人九十几,她考六十几;国文她领先,社会科她也领先;总之,她领先别人两科,其他都输。不要紧,只要慢慢进步,少花时间在已经会的科目,多花些时间在比较不擅长的科目就可以了。最后,她还是考上了北一女。

或许是因为没有压力,所以反而考得很好;连老师也很讶异,平常考试及模拟考不怎么好,最后联考怎么考得这么好?因为爸妈不会责备,没有压力,才能从容应考而有超水准的表现。我自己真的不紧张,她没有考上北一女也无妨。"我以前读嘉义县立新港中学,差你好远好远;我这么差劲都能熬出头,你怕什么?我对你有信心,一定可以迎头赶上,甚至后来居上。加油!"我就是用这样的话来鼓励她。

■ 训练孩子肯定自己、欣赏别人

所谓"对父母不孝,拜神没有用;兄弟不和,交再多朋友也无用。"父母一定要教导孩子孝顺,跟别人和谐相处;因为,缺专业没前途,但光有专业,前途也有限。孩子跟他人的互动不好,再能干都难有成就,所以从小就要训练他有胸襟,懂得欣赏别人的优点。

成绩好的同学,家长要特别教导他不要看不起别人,反而要心存感恩。有些考第一名的孩子,爸妈好得意,觉得都是自己行。很多老师都感叹,学生毕业以后,成绩好的同学几乎不会回来表达谢意;反而是那些调皮捣蛋的,知道老师的用心,所以会心存感念。

同样的道理,父母只知在家里将孩子照顾好,孩子也会以为是应该的。功课很好固然要鼓励,却不要只注意成绩而忘记做人的道理;否则,让孩子养成坏习惯,以后很难改正。

"天生我才必有用",孩子有成就,父母当然会很得意;万一没有成就,孩子很乖、很孝顺也应该高兴。每个孩子都是宝贝,特别要多用点心照顾那些不爱读书、成绩不好的孩

子。说得现实一点，他们以后可能最顾家。就像闽南谚语所说的："歹囝也要惜，孝男无地借。""一枝草一点露，天无绝人之路。"

■ 珍惜自己所拥有的，发挥所长

不要羡慕、忌妒别人的成就，别人成就的背后一定有许多因缘及努力；我们若没有，就应做好自己能做的。我以前曾自许当小太阳，想要影响很多人；现在则只要当路灯就好。小太阳没办法当，当路灯也很好；晚上没有大太阳，路灯就能发挥功用，可以照亮大街小巷。每个人若都能成为路灯，就能照亮黑暗的大地了。

所以，每个人扮演好自己的角色，就可以有所贡献。一个人的成就需要几项因素，即：健康、能力和态度。其中，态度对于成就的大小，具有次方性的影响；列成公式就是：

（健康＋能力）^{态度}＝成就。

举例来说，我读大学的时候，班上有六十八位同学，除了我高中就读新港中学，其他同学都来自一流的明星高中。我自认我的健康比我的同学多一分，因为我的抗压力很大，体力比人家好，所以健康方面我算两分，同学们只算一分。我的能力只有一分，我的同学们则是四分。我的态度非常积极，把每天当最后一天用，若用三分代表，我的同学则是两分。用公式算起来，我是$(2+1)^3=27$，我的同学则是$(1+4)^2=$

25，我还赢两分。当我以第二名考上研究所时，有些没考上的同学觉得很意外；但他们不知道，我这四年很用功，每天都在图书馆读上三小时的书。所以孩子目前看起来不优秀，不代表二十年后也会没有成就；重要的是，父母要能赏识自己的孩子，珍惜孩子拥有的，少看孩子没有的。

有一本书叫《杰出学者给年轻学子的六十七封信》，其中有一篇是台湾慈济大学医学院的陈幸一教授对大学生的勉励。他说，二三十岁时要加倍努力，因为有努力才会成功；"努力占七成，机缘（人脉）才占三成。"四十岁以后，努力降为五成，机缘变成五成，所以要经营人脉；五十岁以后，努力变成三，机缘变成七；六十岁以后，努力变成一，机缘变成九。所以，除了个人的努力，还要鼓励孩子多参加活动，多跟人互动。

父母还可以鼓励孩子读《基督山恩仇记》，用心读就可以体会出"怀抱希望、等待时机"的哲理。父母也应该给孩子希望，给孩子改变的空间，等待他有所改变，不要计较一时的成绩；只要孩子没有变坏就是可喜的，这样才能充满希望。就像在《柏拉图灵丹》一书中提到的"宁静祈祷文"："请给我勇气，去改变可以改变的；给我耐心，去接受不能改变的；给我智慧，去分辨什么是可变的、什么是不可变的。"

■ 给孩子祝福，未来充满希望

父母应培养的，是一个全面发展、有用又幸福的人。什

么叫"有用"？能够自己独立生存，不论赚多少钱，而且懂得过幸福快乐的日子。

幸不幸福不是父母决定的；只要孩子觉得幸福，不管他做哪一种行业，他认为"我愿意做、喜欢做"才重要。孩子若有发展潜力，父母当然可以好好栽培；若是孩子一时没开窍，先不要用高标准要求，让孩子受到委屈。宁可鼓励他，让他充满希望，把握未来可能的机会，用俗语所说"大鸡慢啼"（大器晚成）的想法来激励他。

台湾大学前校长孙震，出过一本书叫《回首向来萧瑟处》，里面提到，他去美国读博士时，听到一则发人深省的贺词。有位大学校长在毕业典礼上对毕业的大学生说："恭喜大家毕业了。恭喜得Ａ的同学，你们有学术潜力，可以继续读博士班，成为学者，好好研究，当一个诺贝尔奖得主，母校以你为荣。加油！你们一定做得到。恭喜得Ｂ的同学，你们是国家的中坚分子，社会的永续发展靠你们，好好努力。恭喜得Ｃ的同学，好好发展事业，以后母校的经费就靠你们捐助。"

孩子是朝着师长鼓励与赞美的方向成长，父母就应该像那位大学校长一般，不讲孩子的缺点，而是强调孩子的优点及潜力；这样的鼓励，才是帮助孩子成长的最佳教育法。

给孩子适当的关怀与陪伴

父母对待孩子的想法及认定,
会形成他的内在价值;
若自幼内心受到创伤,
长大以后,
外在的那些成就,
并无法修复内心的伤口。

◎周美德

亲子教育专业讲师

我到过很多地方演讲,在很多老师及家长身上很深刻地感受到四个字,就是"善的骄慢"——因为自认为自己是对的,在自以为是的态度下,就产生了骄慢之心,认为问题出在别人身上,自己都没有错。

听演讲真正有帮助的部分,是在于看到自己的盲点,而能改变想法,然后有所行动。可是,人不喜欢改变,因为改变会有压力;人往往都喜欢维持现状,即使听了不一样的想法,也尽量排斥。正因为如此,听完演讲之后,对生活还是没有帮助。

听演讲不能只是想听跟自己一样的想法;若是如此,岂不是让彼此的生命白费了两个小时?若是能敞开心胸,接受一个新的观念,甚至是自己以前所排斥的观念,若能够这样颠覆自己,就会进步。人就是因为故步自封、抱残守缺,肯定自己不会错,错的一定是别人,所以永远不会进步。

有魄力的人会往前走,他抱着实验的精神,不怕认错,可以勇敢地说"我以前错了",然后继续往前进,这就叫自我颠覆。能自我颠覆的人,才会有格局跟气度。所以,请家长先放下善的骄慢,与孩子的互动才能有不同的改变。

■ 寻找生命的出口

根据数据显示,有半数以上的青少年想过要自杀,原因包括亲子问题、师生问题、感情问题、学业问题等,甚至也

有人是因为外表问题。

现今的青少年普遍注重外表，四分之一的人在节食，其中只有四分之一体重真的过重，其余四分之三的人体重甚至过轻；可是，他们还是在不断地节食，最后患上厌食症、暴食症等饮食失调的问题。所谓"食色性也"，欲求不满当然就会抑郁。

前几年有一个自杀案例：一个十九岁的男生，因为脸上青春痘的问题而自杀身亡。今天的青少年为什么这么肤浅，竟然会为了外表而寻死？但是，这个事件如果深入去探究，绝对不只是表面所呈现的样子，脸上的青春痘只是导火线罢了。

他自杀的真正原因是什么呢？根据报导，他是独子；依我的判断，他长年承担着独子的压力。他的遗书里说："爸爸要记得吃药，妈妈血压高也要记得吃药。"他还留给他妹妹一封信说："将来你结婚以后，生的儿子一定要从母姓，免得我们家绝了后，因为我是独子。我走了。"换句话说，他走得很不安心，但他要让大家觉得并非因为他是独子而寻死，不会因此责备他的父母，才用青春痘当借口……

人活在世上，一定会有压力，压力必须找到出口，就好像压力锅必须要有排气口。每个人都要找到生命的出口，只是有人找到的是错的出口。

歌手周杰伦成长于单亲家庭，他在成长的阶段也曾感到

苦闷,内心的压力无从向外人道,但他在音乐的领域里找到了出口。他的音乐触动了千万青少年的心,得到了共鸣与认同,所以他成功了。

有一次演讲时,听众问我:小朋友写字很慢怎么办?我说:"活着就好。"他以为我听不懂问题,又问了一次;我说:"你的问题我听清楚了,我的回答就是人活着就好。"想想看,原本快快乐乐的初中毕业旅行,却发生莺歌大车祸,游览车撞上火车,有四个孩子再也回不来了。我对家长们说,很多事情"千金难买早知道"——如果家长早知道自己的孩子回不来,他前一天写字慢也好,打电话太多也好,上网太久也好,是不是都变得不重要?是不是只要孩子活着就好?有了这样的观念,你才会珍惜跟孩子相处的每一分钟,才不会留下遗憾。

我经常因为演讲而必须搭飞机;到机场时,我总会打电话给先生,随便聊几句,尤其在偶尔跟先生口角或闹别扭之后。因为,我不希望夫妻相处二十多年,"最后"讲的是不高兴的话。基于同样的心理,我也常在机场打电话给我妈——万一没有回来,我希望最后跟妈妈讲的是开心的话;这样我才能确保,即使我发生了什么事,跟亲人之间也不会有遗憾或悔恨。所以,孩子每天出门的时候,不要骂着他出门;你跟任何人相处,在各自离去之时,都应该很愉快地说再见,因为我们都不知道是不是能够再见……这不是触霉头,而是

对人生达观的做法。

有些朋友就是轻忽了无常就在眼前,在亲人过世后,一直追忆跟他最后一次见面时说什么话,结果发现都是一些无聊、没意义的话,因为当时并不晓得来日无多。我有一个多年好友,他忽然患上急性精神分裂症;得到消息的时候,他已住在医院,我去看他时,他不会讲话,两眼呆滞,没有办法正常沟通。这巨大的转变,真令人感慨——生命无常啊!

我想,人生不如意十常八九,不是你想有什么就会有什么;人生是:上天怎么给,我就怎么受,这才是人生。我们没有办法规划人生一定要怎样,但生命一定有韧性。张忠谋有一篇文章的标题是:"常想一二";因为人生不如意事十常八九,所以要常想"如意的一二"。连张忠谋都有八九不如意了,何况是我们呢?所以,我们也应该常想那如意的一二,而不求尽如人意。生命是可贵的,只要活着,才能有无限的可能。

■ 帮孩子建立自信心

成人必须不断地把正确的观念传达给青少年,别让他们因为痘子、因为身材有点胖,就那么自卑,每天活得那么不快乐,好像一个人就是一组无聊的三围数字。

关于外表的问题,先以两个巨星为例:伊丽莎白·泰勒以及奥黛莉·赫本。

伊丽莎白·泰勒是犹太人,可能因此有一种自我异化心态，觉得自己跟别人不一样；尤其是希特勒时代，犹太人基本上都不愿意让人家知道他们是犹太人。伊丽莎白·泰勒成名很多年以后，大家才知道她是犹太人。她结了八次婚，离了八次婚，而且不断地整型、减肥，不断地进出减肥中心和戒酒中心，不是很接纳自己。

这些事实的背后所呈现的意义是：一个巨星就算拥有了一切，如果对自己没有信心，内心仍然是空虚的，仍然如此地注重外表。

而奥黛莉·赫本则是从头到脚、从里到外，彻底地接纳自己，所以她非常有自信。她坚持不打肉毒杆菌、不拉皮，她相信，不同年龄就有不同年龄的美丽、优雅及性感。她过世的时候，身份是联合国亲善大使，满脸皱纹，可是丝毫不掩她优雅的气质。赫本有很多影迷，没有人因为看到她老了而觉得她丑。

另外再谈两个人：一个是迈克尔·杰克逊，一个是麦当娜。这两个人以前都是备受争议的人物，是二十世纪前卫的代表；但是，两个人后来的人生却很不一样。

迈克尔·杰克逊很长时间一直缠身在儿童性侵的官司中，为什么会这样？因为他内在的心理拒绝成长。他的童年三岁就结束了——他三岁时就出道，然后一直在演艺圈闯荡。他可以说真是一个天才，才气更甚猫王；他上次来台湾时只做了一个动作——前倾四十五度，所有观众就为之疯狂，那种魅力是无人可比的。但是，因为他的心理没有成长，只有和儿童在一起才有安全感，因而官司缠身，上亿财产都赔光了。

反观麦当娜，她一样叛逆，一样标新立异，卫道人士从未停止过咒骂她。但是，《纽约时报》曾报导，美国一个知名的音乐频道选出五十年来的百大歌手，结果麦当娜一个人得到百分之十七的选票，荣登榜首；也就是说，大家公认她是五十年来最伟大的歌手，其他像席琳·狄翁、惠特妮·休斯顿、玛丽亚·凯莉等人都排在她后面。

她年轻的时候不怕成为别人口中的妖孽。但是，她该结婚的时候结婚，该生孩子的时候生孩子，生了孩子还为孩子讲床边故事，甚至出版了童书，而且竟然大卖，令美国媒体的一片戏谑之声，尽皆哑然。这就是她和迈克尔·杰克逊最不同的地方。

因为迈克尔拒绝颠覆自己，而麦当娜可以一直颠覆自己：承认自己年少轻狂。她现在讲的话与以前的形象大相径庭，因为她有女儿了，看很多事情的角度就不同了。所以，两个人的结果就这么不一样——一个官司缠身，另外一个转型成功，成为一个慈祥的妈妈——至少目前还是如此。

因此，我们从小就要建立孩子的自信心。真正人格形塑的时期是零岁至六岁；到了初中，孩子人格的改变相对之下便比较困难。或许正因为如此，我看高中生的家长，他们的脸看起来是苦哈哈的，初中还好，小学又更好一点，最好的

给孩子适当的关怀与陪伴

是幼儿园的家长,整张脸喜滋滋的,比较没有失望。所以,家长要特别注意,不要错过了孩子最重要的人格形塑期。

目前的台湾,六岁之前的孩子在哪里?可能在阿公阿嬷(爷爷奶奶)家,或者是在保姆、外国帮佣那里。有一次我去一位朋友家,跟他小孩讲英文、国语、闽南语都不通,我就问他的妈妈他讲的是什么话;他妈妈丧气地说,小孩讲的是菲律宾土话。原来,菲佣并不是都会英文,即使会也不一定标准;结果,朋友的小孩从她那儿学到的便是土话。

至于把孩子都交给阿公阿嬷照顾的,婆媳之间若有问题,婆婆在孩子面前讲媳妇的不是,小孩子长大以后如果对他妈妈有了成见,亲子关系怎么维持?

很多上班的父母亲都想多赚点钱、省一点钱,孩子便让阿公阿嬷来带,以为这样可以省钱、省事,自己人带又比较放心;却不知道如此一来,可能影响了小孩教育的黄金时期以及长远的亲情发展。

■ 放手,让他蜕变独立

与青春期的孩子互动,要先知道这个阶段的孩子会有哪些心理特征与行为发展规律,先做好心理准备,以免孩子如果出现不同于以往的行为时,会觉得难以接受,不知如何是好。

我有位二十几年的好朋友,有一次一起吃饭,提到她的大儿子已经去当兵了,接下来讲到老二时,她忽然泪如雨下。

原来,二儿子搬出去住了,就搬到隔壁的巷子,每天会回来吃晚饭,礼拜六、日还会回来帮家里做生意。我觉得奇怪,这样很好啊,有什么好哭的呢?她说,她很挫折,觉得自己是个失败的妈妈。儿子如果因为上学或工作因素,情非得已必须搬到外县市,这还没话讲;但是,儿子只是和人家合租一间什么都没有的小房子,他却宁可待在那里也不要待在家里,这不是证明妈妈做得太失败吗?况且,他们相处时也没有什么不愉快,搬出去是儿子心平气和时的抉择。她实在不解:"不是应该是跟家人吵翻后,才会搬出去吗?"

还有家长问我,为什么孩子现在喜欢和同学在一起,而比较不想跟父母在一起?有位明星高中学生的爸爸打电话来向我咨商,语气哽咽,只不过因为他的孩子首次拒绝暑假与全家出游;孩子说:"你们出去玩吧,我想一个人留在家里。"这个爸爸说他气死了,他最近才买了SUV,就是为了载着全家人一起出去玩;孩子早说他不跟家人一起出门,就不用贷款买车了。我发现,孩子成长过程中,一旦有脱离父母独立成长的需求时,家长的反应都是蛮歇斯底里的。

这位家长真是太不聪明了。他以为买辆车就能装得下孩子;其实,买幢房子都不能啊!我有一个朋友,他希望孩子结婚后也都能住在家里,就在台北信义区买了一幢价值两亿的豪宅;现在房贷压力很大,又没办法脱手。我就告诉他,看看欧洲有多少古堡,每座都一百多个房间,当初的堡主们

也都是希望后世子孙都能住在城堡里；结果，哪一个子孙守着城堡？

其实，孩子们的改变就像是成长中的螃蟹在蜕壳一样。我曾看过一张图片，是一只三十几公斤的杀人蟹，它蜕下壳的一瞬间，旧壳还有一半卡在身上；你真不敢相信那是同一只螃蟹，它瞬间就比原来大了一倍。海洋馆的人解说，杀人蟹一生当中需要蜕壳四次，每一次都是生死交关，是对生命的严峻考验；通过就活下来，过不了就死了。它长大了一倍，可以想象在原来的壳里面会有多难过。

螃蟹会蜕壳，蛇会蜕皮，老鹰也会蜕毛；对这些动物而言，蜕掉毛皮正是最脆弱的时候。人也会"蜕皮"——我们的心境会变化、成长，但我们的外表不像动物般看得出来。因此，什么时候该蜕壳，自己会知道的；因为人会有一种生物本能，一旦觉得难受，就是该蜕变的时候了。

因为如此，所以有人会换跑道、换工作。例如，台湾大哥大公司总经理张孝威，十几年前离开前一个工作时，台积电公司的张忠谋告诉他，他若是愿意就到台积电公司；后来，他就成了张忠谋的左右手。十年之后，他又告诉张忠谋他要离开台积电，去台湾大哥大。张忠谋慰留他说，除非他到台湾大哥大可以获得极大的成功，否则就不要去了。他只说："这是我的生涯规划，我要转换跑道。"张忠谋听到"转换跑道"这四个字，就没有再拦阻他了；因为他懂，人需要蜕变。

所以，当你的孩子跟你说："我要离家出走""有一天我要离开这个家"，或许后来没有成真，但是，你要有这样的心理准备；或许，他离开这个家是比较好的，因为生命需要历经蜕变的过程啊！这对生命的确是挑战，熬不过去就死掉，熬过去就成长了。

碰到青少年正在蜕变时，很多家长会说一些傻话："他小学时不会这样啊！"甚至"他初中不会这样啊！"那为什么不会说："他在肚子里不会这样啊？"连一个五六十岁的成年人，都还会有蜕变成长的需求，更何况一个正在成长、还未定型的孩子？一直跟以前一样反而奇怪，成长中的孩子应该是一直在摸索改变中的。

孩子会变，家长也要变。为什么家长会难过？因为大人转变的能量少了，而且改变的可能也少了，所以就干脆以不变应万变。孩子像孙悟空般有七十二变，所以我们也要有七十二变才可以。

■ 给孩子无条件的爱，别让恩大成仇

常有家长问我："为什么孩子喜欢跟朋友在一起，而不喜欢和我们在一起？"我说："因为同学可以给他父母不能给他的东西。"家长又问："我们有什么不能给他的？他吃、喝、穿、住甚至玩都是用我们的，还有什么是同学能给而我们不能给的？"我说，你们给很多，但是你们像施舍给乞丐一样；

乞丐没有选择的权利，你们永远扮演一个施予者的角色，他永远扮演的是一个接受者的角色。施与受之间本来就不平等，何况你还经常提醒他，你是如何如何为他牺牲、为他好，他欠你多少……久而久之，就会"恩大成仇"啊！因为他会觉得："我还不起你，但我躲得了你。"

所以，聪明的老婆不会常常提醒老公："你当初要是没有我，哪里有今天！"为什么很多的现代陈世美，都是中年以后，事业有成了，才跟年轻"美眉"混在一块？对于当年跟他一起打拼、胼手胝足、白手起家的糟糠之妻，为什么这么不感恩？这就是人性的弱点：因为报恩的担子太沉重，让他每次看到老婆时，感觉已经不是亲爱的老婆，而是债主。一般人看到债主，当然就会逃走！因此，当家长常常提醒孩子父母是"债务人"，生怕他忘记，他当然躲着你。

所以，不要常常提醒你的孩子报恩。你越不提醒，他将来越有可能报恩；因为报恩要完全出于心甘情愿，心甘情愿做的事情才有意义。夫妻之间不是讨债，亲子之间不要需索，要让彼此没有负担才能在一起。人就是有这样的心态——没有人喜欢欠人家，没有人想觉得自卑、比人低一级；但是，家长和老师却往往都有这种善的骄慢。

因此，青春期的孩子除了心性大变外，还开始会叛逆、会疏离；为什么会叛逆？因为他要"政党轮替"。家长原来是"执政党"，他"在野党"当那么久了，所以到了初中甚或小学高年级开始，他就要求政党轮替，换人做做看；这时候，家长就应该退居在野党的地位，监督他就好了，让他当执政党，生命由自己掌握。如果你同意，就和平理性、宁静革命；如果你不同意，他就造反，就会造成伤害。

一般而言，孩子到初中阶段，会开始跟你唱反调，你往东，他偏要往西；因为这样他就可以证明自己，告诉爸妈"我跟你是两个不同的人"。有的孩子会故意拿两件衣服或两双鞋来，问妈妈哪一件哪一双好看；如果妈妈说这一件好看，他就穿另一件。为什么？他并不是真的要征询你的意见，而是如此才能有个着力点，可以往相反方向走，这才是他的目的。

碰到这种情况，我都会建议家长：孩子若来问你，你就说不知道，随便他怎么穿，孩子就会当下陷入茫然：随便我？糟糕，不知该怎么挑了⋯⋯如此一来，你内心的选择还有二分之一的几率被他选中；如果你真的表示意见，那就百分之百没机会了，因为他会朝反方向走。很多孩子都是这样的，这是青春期孩子的通性，因为他在长大，他想叛逆、疏离。

■ 父母要尊重孩子的隐私

孩子的成长过程中还会变得神秘鬼祟。有一个妈妈，她每天都会偷看孩子的东西；孩子知道了，当然很生气。妈妈问我，应不应该继续翻下去？因为她想知道孩子考几分。既

然想知道，为什么不直接问呢？像这位妈妈这样偷看，本来是对的事也变成错的了。

我告诉她，要对儿子说："依法律赋予父母的权利，我对你有监护权，你还在我的监护之下，考卷拿出来给我看。"以后想知道什么事，就直接跟孩子谈，不要鬼鬼祟祟，这样反而变成父母不对了。

就像男生大了会有喉结、女生大了会有月经，这是生理上的成长指标，孩子会要求更多的隐私权，则是心理上的成长需求，这些都是正常的。有的家长说，他很怕一旦允许孩子有隐私权，自己就不知道孩子在搞什么鬼。这样的情形，又可以分为两个层面。

第一，是家长本身没有安全感，这是因为没有自信心。没有安全感就会去控制别人，占有欲就变强，占有欲变强就会有控制欲，控制欲再强就变控制狂，控制狂就是什么事情都要知道。要知道自己有没有控制狂，就看你会不会很想去看孩子的电脑及他的私人东西，甚至他接个电话都一定会问谁打来的、说些什么。其实，如果孩子不想让你知道，要骗你很简单，道高一尺、魔高一丈，问也只是让自己安心罢了。

很多太太也是如此：每天等先生回来等到凌晨两点多，然后大吵一架。我问她为什么要等，她说为先生做了宵夜；可是，先生回来并没有享受到她的宵夜啊！回来之后就只有吵架。她说，起码要问他去了哪里；但是，没有一个先生会笨到回到家时还没想好怎么回答老婆的问题，问到的都是谎言嘛！这些太太又说："我不喜欢人家欺骗我。"我说，你问了人家就有机会欺骗你，你不问的话，他想欺骗你都没有机会。

这就要谈第二个层面：人会说谎，是为了息事宁人。若是家里没有让人诚实的氛围，若是说出真话便要付出惨烈的代价，大家就都学会不敢说真话。为什么夫妻之间也会互相欺骗？那是因为不骗不行啊！因为只要事先报告了就一定不能做，所以每次只好先斩后奏。如果实话实说便会吵翻天，为了息事宁人，就只好欺骗。

孩子也是一样。他为什么要骗你？他小时候是不会骗你的；可是，因为说实话却付出了代价，于是开始学会说谎来保护自己。一开始因为年纪小，说谎就处处被你识破，到处都是漏洞，很多家长就乐此不疲，对小孩严刑逼供，好像审犯人一样；但是，小孩也会学着改善自己说谎的技巧，让你越来越难发现真相。

有些家长喜欢用刺探的。例如，妈妈常会对女儿说："妈妈是关心你，可以当你的参谋，跟妈妈讲你喜欢的对象啊！"小孩一开始也是诚实的，不过结果就惨了，不是妈妈直接骂，就是爸爸出面骂一顿："你才几岁啊，这么小谈什么恋爱！"教训几次以后，小孩都会有心眼了；你下次还想问真话，门儿都没有！孩子不再跟你坦诚相对。

所以,当孩子要求你不要告诉爸爸(或妈妈)时,因为这是不合理的要求,所以你可以告诉孩子:"我不可能不告诉你爸爸,因为我们是夫妻;但是,我会婉转地、用智慧的方法告诉你爸爸。"孩子的要求是不合理的,你勉强答应了,然后事后又背信,日后便失去了他的信任,他以后就不会告诉你实话了。而只有通过畅通的沟通管道,父母才会知道孩子的状况。

如何知道自己家里自不自由呢?如果你信仰基督教,而孩子却对佛教有兴趣;或者你支持的候选人跟他支持的人是不同立场的,如果孩子都能坦率地说出来,你的家就算是有自由的气氛,有诚实的空间,有畅通的沟通管道。人有言论的自由、信仰的自由,这些只是一般的人权而已;如果你们家做不到,表示你们家没有人权;没有人权的地方如何要求小孩子诚实?孩子跟我们的年龄不一样,环境也不一样,他的想法当然也可以不一样;如果你们家是自由的,他就不必神秘鬼祟了。

总而言之,我们要让家里有安全、自由、诚实的气氛,让孩子勇于说实话,才可以真正掌握孩子的想法及行为。

■ 有爱才有自信

此外,你可能不同意或不了解孩子现在的看法,但你可以体谅、包容。例如,孩子可能说同性恋也很好,照样可以组织家庭啊！即使家长不了解或并不是很赞同，但还是可以同理及谅解孩子的想法。不要一下子就用你的主观批判去否定孩子，结果反而失去和孩子讨论的空间。

其实，初中阶段很多是假性的同性恋，因为这个时期没有机会结交到心仪的异性，只有同性在身边，所以他们会有情感互动亲密的现象。父母需要进一步观察，但不要太过紧张。

前面有提到，如果孩子有想要离家的念头，那就表示你管太多了。这时，父母的第一个选择，不妨让他暂时离家看看；如果孩子有地方去的话，总比天天彼此大眼瞪小眼好。

我们常说"虎毒不食子"，其实是指老虎跟孩子的一种相处之道。老虎一胎差不多四只，多半是乖乖虎，偶尔会出现"叛逆虎"。遇到这种情况，大老虎会先教它一些基本的谋生技能，教完后大约一岁多，大老虎就会将它赶出自己的势力范围，让它去其他地方另辟疆土。因为老虎本能地知道，如果这个时候还不把小老虎赶走，等它有能力也有机会时会吃了自己，可是"虎毒不食子"，所以只好将小老虎赶走。

人类也是一样。如果亲子的感情好，便没有问题；如果父母难以改变，孩子也难以改变，两个人在一起便会发生冲突。孩子这时可以去阿公阿嬷家或是外公外婆家，他爱去哪里就让他去；小孩也有本能，他想去的地方是让他觉得有爱的地方。所以，如果你的小孩想要离家，你也觉得双方的关系不能改善，一见面彼此就乌云罩顶，说不定孩子待在你身

边才是最危险的,反而离开家才能安全、快乐地长大。

很多夫妻离婚时都会争孩子的监护权。有一位在航空公司工作的太太跟我说,她在跟先生办离婚,她让小孩自己选择要跟谁;想不到,小孩竟然选择要跟爸爸,让她很不能理解。她的学识、身份、地位及收入、环境都很好,但她先生在她眼中却是一个败家子:"每天醉生梦死,只会看电视,一百多个频道转来转去;儿子为什么要跟他呢?我才可以给儿子更好的机会啊!"

我说:"那是因为你没有你先生有的东西——就是对孩子完全的接纳与爱。纵然你先生有千般不是,但是他全然地爱着儿子;而你对儿子挑剔、纠正、严格,儿子一定要符合你的标准,否则就会挨骂,他必须要很努力才能'当得起'你的儿子。至于你先生,可能会觉得'癞痢头的儿子也是自己的好',你的儿子凭着本能就觉得要跟着爸爸。"

这位太太问我,孩子是跟着她先生还是跟着她才有前途?我老实地告诉她:"只要有爱,就是最好的环境。"因为,那些外在条件,孩子将来自己可以挣得;但是,只有爱可以给他自信;有自信的人,一辈子都不怕失败,随时可以从零开始。父母给孩子再好的环境,若是没有给他无条件的、完全的爱,他很可能变成没有自信的人;就算是含着金汤匙出生,最后也可能只是败光家产而已。

孩子跟着谁并不重要,因为父母的地位是孩子一生中没

人能取代的。哪怕是继父、养父、干爹，乃至于孩子将来的另一半以及小孩，没有任何人能取代亲生父母的关爱。

■ 别将情感重心寄托在孩子身上

青春期的孩子正值情窦初开的年纪，随着发育，孩子开始会对异性感到好奇。此时你若是阻止孩子跟异性交往，会像是螳臂当车。

现代精神医学之父弗洛伊德说，"性驱力"是人类所有动力的源头，也就是"性"能驱使人类做任何事情。到了青春期时，这股性驱力便开始作用；这个力量大到可以让罗密欧与朱丽叶、梁山伯与祝英台去殉情，直到今天其威力依然不减，你要挡也挡不住。

但是，你可以疏导，可以用宽松的心情来看待。如果你的女儿有男生开始追她，不要像有些家长说出"一定是你勾引人家"这一类难听的话；你倒不如想：吾家有女初长成，我家的产品，一出厂就有销路，不至于滞销。用欣赏的眼光，轻松地和孩子讨论如何与异性相处，才是真正对孩子有帮助。因为，这个社会是由男女两性构成的，与异性正常的交往与互动，必须要健康地看待与学习。

有个六十几岁的女儿一直没有结婚，跟八十几岁的母亲住在一起，当年这个母亲曾对女儿的婚事从中作梗。女儿年轻时爱上了一个埔里人，两个人在大学谈了四年恋爱，难舍

难分,妈妈却不让她嫁到埔里。两人分手之后,这个男生就与别人结婚生子了;可是,女儿接下来的四十年,对谁都不再动心。感情的事其他人很难理解,父母实在不应介入太多,因为子女人生的主体是他自己,父母怎能为他负责呢?结果,这个女儿,现在就在家里跟母亲天天吵架,因为她对母亲有恨。母亲诚实地告诉我,她觉得亏欠女儿,但她不愿向女儿承认。

还有位妈妈跟我说,她先生有外遇要求离婚,并对她说:"儿子给你,车子给你,房子给你,什么都给你,只求你放我一条生路。"这位太太听了既伤心又生气——连这么优秀的儿子,丈夫竟然都不要,只求能够顺利离婚,这究竟是为什么?她因此气得不得了。离婚后,她有一天收到一封信,是一个女生写给她儿子的,满纸爱慕之情。她看到的时候像是五雷轰顶,差点昏倒;那种震撼的感觉,如同遭到背叛,感觉比知道她先生外遇时还痛苦。

为什么有个女生写了爱慕的信给她儿子,她就快要崩溃了?其实,她对先生早已经死了心,所有的情感重心就转移到儿子身上;在这十几年的婚姻中,其实儿子在她心理上的分量早就取代了丈夫的地位。

这也可以解释我们传统以来的婆媳问题,到今天仍旧无解,都是因为母亲的移情。很多女人跟丈夫结婚后,前两年内都想改变丈夫、控制丈夫,三四年后发现很困难,五六年后觉得不可能,七八年后就失望,九十年后就绝望了;绝望之后刚好可以管儿子,因为儿子比较好控制,所以整个心就慢慢地移到儿子身上。所以,有人来追她儿子的时候,妈妈就无法接受。

其实,父母自己要知道:孩子一直在长大,儿女到了某个阶段就开始要在现实中或心理上背起行囊,去探索他自己的人生。有一天,他会爱上他喜欢的人;有一天,他会从事自己适合的行业;有一天,他会买自己的房子,有自己的贷款;有一天他会生儿育女,开始去筹备儿女的教育基金;有一天,他会将全部的心思放在他的事业、家庭、子女上。做父母的这时候就像镜头淡出(zoom out),从他的生命圈渐渐淡出;但是,父母还有自己的生命圈。父母养育、陪伴孩子长大,这是父母的天职;孩子有了自己的人生之后,父母还是要好好地活下去。

为什么很多父母亲会觉得不甘愿?因为当初将所有鸡蛋都放在同一个篮子里,现在什么也都没有了。很多人的抑郁症为什么在更年期发作?因为更年期刚好也是空巢期,子女差不多都离家或成家了,所以身心及环境的转变来势汹汹;当年全心全意放在子女及先生身上,现在一下子失去了生活重心,就罹患了抑郁症。这样的生活方式是错误的。

你不妨想象自己有三个孩子:一个是配偶,一个是孩子,另一个是你自己;你每一次对其他两个孩子付出关爱或做一

件事情的时候,也要为自己做一件事。

很多太太是:只要先生今天不回来吃饭就不做饭了,干脆吃泡面;反之,先生若是回家吃饭就准备得很丰盛。这样的人将来一定血本无归。有的人则是:先生不回来,还是准备了烛光晚餐犒赏自己;这样的女人就不会血本无归,因为她会投资在自己身上,不论先生及孩子如何,她还是拥有自我。

所以,当家长的要懂得"平均分配",不要忘了自己。就算先生或太太以及子女没有回馈,你也不会感到一无所有,因而愤恨怀怨,将家人之间的关系弄得那么紧绷。

■ 为赋新词强说愁

此外,青春期的孩子会多愁善感,这是正常的,这叫做"少年不识愁滋味,为赋新词强说愁"。看到花儿会流泪,觉得鸟儿会唱歌、月亮会微笑,有的孩子就是比较感性,家长不必一下子就将他拉回现实。

以前我就很不懂人有做梦的权利。我先生常会讲,我们退休以后就去环游世界,芬兰住一个月,瑞典住一个月,然后在阿姆斯特丹住一个月,还要到拉斯维加斯恺撒宫赌一个月。我每次都紧张地说千万不可以,他就觉得很失落。有一天我了解了,那根本是不可能的事,他只是在做梦而已,我们根本就不会去赌城,也不会在哪儿住一个月;人家有梦想,我却阻止他，何必呢？后来，他再说我们要去哪里时，我就说好啊……其实，他根本不会去。

同样地，孩子也会做梦，你别对他说："你别做梦了，实际一点！"人都有做梦的权利，你不用阻止孩子。

青春期的孩子有时候会沉迷，沉迷网吧，沉迷线上游戏，都是因为要逃离某事；沉迷于酒、赌博、吸毒等都一样，都是因为充满无法解决的痛苦与压力。抽烟往往是因为焦虑才抽烟，没什么压力的人，你请他抽，他也不抽；可是，已经在抽的人，你越唠叨他越抽；为什么？因为压力更大。

小孩子玩线上游戏，有时是为了逃避学业或同伴的压力，也包含家长碎碎念的压力；所以，你一直叫他不要再玩了，他却越来越沉迷。这样的情况下，家长或许可以尽可能地给他一个放心上网玩游戏的时段，让他安心地玩；否则，他偷偷摸摸地玩，每一分钟都有压力，会很有罪恶感，一点都不开心。与其如此，你干脆跟他订好一些游戏规则，避免孩子沉迷就好。

■ 行行出状元

最重要的是，家长要找出孩子的压力源，并引导他找到对的出口。

如果把人类的大脑分成三个部分，那么，一部分是读书的脑，一部分是赚钱的脑，另一部分是艺术的脑。有的人不

会读书,但是他很会赚钱;有的人不会赚钱,也不会读书,可是他有艺术的脑。什么叫艺术?就是用不同的方式将人生的真善美加以呈现,这叫艺术。

我们可以说,画家毕加索有艺术的脑,也有赚钱的脑,所以他赚了很多钱,是一个最会享受的艺术家。可是,梵高就只有艺术的脑,却没有赚钱的脑,所以一生穷困潦倒,他活着的时候没有卖出过一幅画。莫扎特也是有艺术的脑,他是音乐天才;但他也没有赚钱的脑,死的时候穷困落魄。

有的孩子书读不好,家长就打他的头,这可千万不要!因为,孩子可能没有读书的脑,但却有赚钱的脑。相反地,我认识很多博士,穷兮兮、苦哈哈的大有人在;他们都有读书的脑,却没有赚钱的脑。例如奇美的许文龙,他有艺术的脑,小提琴拉得很好,并且还设立了奇美博物馆,但他也有赚钱的脑。因为每个人的天赋都不一样,所以读书读不好并不是什么让人遗憾的事;不要因为书读不好而让小孩子一直有挫折感,可能因此摧残了一个比尔·盖茨。

比尔·盖茨其实没有读书的脑,他虽然读到哈佛大学,但是他爸爸硬让他去念的,结果他只读一年就申请退学了;可是,他有玩电脑的脑,结果现在成为世界首富。二十一世纪的生存法则与过去不一样了,走一趟电脑街,执行长都是二十几岁的小伙子;你以为他们是修机器的技工,实际上他却是电脑公司的执行长。为什么?因为他们都是玩电脑长大的。

所以，父母千万不要以过去的经验来指导未来的青少年，不要给孩子负面的影响。行行出状元，他若是喜欢烤蛋糕，也有可能成为世界冠军；日本人就懂得各行各业都有专家，有名人，你只要在你的行业里成为顶尖就可以了。所谓"万般皆下品，唯有读书高"，是中国古时候的科举观念，现在不一样了。

至于有些青少年为了逃避压力而信仰了宗教，我认为，宗教是不错的，但不要沉迷。宗教是生活的一部分，很多人在苦难时从宗教得到帮助；但是，不要过度地投入，而将它当成生活的全部，如此会窄化了生活丰富的层面。生活是很多元的、多彩多姿的。在苦难中当然可以从宗教中找到慰藉，但是不要忘记，人生还有很多其他的层面，要让孩子多去探索，多去接触。

父母对待孩子的想法及认定会形成他的内在价值；若自幼内心受到创伤，长大以后，外在的那些成就，并无法修复内心的伤口。据心理学的研究，心理受伤害二十年，就要用十年来复原；如果受伤害四十年，就要用二十年来复原；复原这条路是很辛苦的。

期盼每位家长都能好好对待及了解自己的孩子，给他关怀，给他自信，给他安全，让他在快乐健全的环境中健康成长。

如何培养孩子的竞争力

成功,
就是将简单的事重复做、持续做,
做到变成习惯为止;
父母还要把时间规划放在重要的事物上,
尤其是自己及孩子的心智成长上,
才能让孩子卓越。

◎谭德玉

亲子教育专业讲师

教养孩子，我和一般人不一样的地方是，我关心的范围会超前：在孩子还没有进幼儿园的时候，我就开始研究幼儿园阶段的发展与教学内容；他读幼儿园时我就研究小学阶段，他读小学时我研究初中，他读初中时我研究高中，他读高中时我研究大学；到了他读大学时，我关心的角度就跨越到全世界的发展局势了。

因为我认为，父母必须把眼光放远，才能引导孩子学习。父母比孩子多了二十年以上的阅历，应该用这二十年的阅历去帮助他；所以，你必须与时俱进，带着孩子一起向上提升。

这几年我往返两岸演讲、工作，深刻地感受到一个现象：大陆的人才将成为台湾人在职场上的强劲对手。我们可以用数字来说明这个现象。大陆有十四亿人口，如以七十岁为范围，以每十岁为一个年龄层来计算的话，每一个年龄层是两千万，能够进入大陆前十大名校的只有不到十万人；换句话说，淘汰了一千九百九十万人后，剩下的十万人才能进十大名校。上海是目前大陆待遇最高的地方之一，十大名校毕业的精英，在上海的平均月薪是人民币三千多元，折合台币一万五千元。这么杰出的人才，月薪只有一万五千元台币。

而台湾的一个年龄层是三十万人，前五大名校的学生大约有三万人，进入五大名校的几率约等于百分之十；而大陆的学生成为名校生的机会则是两千万分之十万，等于百分之零点五；也就是说，其几率更小，竞争更激烈。大陆名校毕业生月薪只有四千元人民币，台湾的名校生月薪大概是八千元人民币，我们的薪水是大陆的两倍；但是，两岸的人才比一比，我们工作的态度有没有他们那么积极？如果你是老板，你要用谁？一些外国人如日本人、美国人或是菲律宾劳务、印尼劳务到台湾来，影响都不大，因为他们不会讲我们的语言；可是，对岸的人使用的语言跟我们一样，在职场上，可以直接沟通，是不可轻视的对手。

我们的孩子，未来面对竞争的激烈程度一定会超过我们，为人父母的你现在就要开始想，该怎么好好栽培孩子！

■ 英文及网络的重要性

家长们必须要了解的第一个观念就是：未来是"英文必胜"的时代。虽然不一定英文好将来就一定会有亮丽的人生，但是，不懂英文，未来可能会面对处处难行的窘境。

语言是一种沟通的工具。比方说，你若只会闽南语一种语言，就只能在台湾及福建一带发展；懂得普通话，便能在大陆各地发展。同样地，会了英文之后，因全世界有百分之八十的地方可以使用英文沟通，就可以到世界各地发展。并不是会了英文将来一定会有前途，但是英文如果杰出，可以生存发展的版图就大；除了美国之外，还可以到南非、澳洲、新西兰、加拿大等英语系国家发展。

英文如果不好，可能就不容易找到理想的工作。虽然有

些人在某个领域很杰出,即使不会讲英文,也有很好的发展机会,但那毕竟只是少数。要增强孩子的竞争力,我们一定要好好培养孩子英文的能力。

第二个观念,家长一定要加强网络的操作能力。不会上网,在网络的新新族群里,你就变成LKK(老扣扣,即老古董)。网络基本上是一个很大的垃圾桶,却也是一个很大的资料库。网络带给全世界教育的最大冲击,是压缩式的成长。一个人如果喜欢自然科学,进入一个自然科学的网络资料库里,每天看半个小时,连续看半年,程度便可以从小学一年级成长到六年级;再看个半年,程度就变初三;小朋友如果有能力在网络资料库上学习,程度甚至可以到大学毕业。这就是小朋友在知识成长上的压缩。小朋友不一定要在学校里面按部就班地学,父母可以藉由电脑网络,让孩子在知识学习上更加无限宽广。

不过,全世界的网络目前可以互相联结,小朋友长大之后很有可能会看到色情网络,那是全世界最有商机、最让人沉沦的网络。家长有机会应该要去了解一下,为什么那样的网页会吸引孩子?然后想想该怎么用防火墙或网络安全系统之类的,防范色情网页进到家里。电脑最好是放在家里的公共区域,例如客厅,而不要放在孩子的房间里,以免孩子沉迷网络。

台湾有许多优良网站,可以获得许多知识与资讯,家长要先学会上网；因为对一般人而言，如果不懂就不会喜欢，就不知道网络的重要性。这个世界已经变得不一样了，你若能进入这个网络世界里，就可以把孩子也一起带进去，和你一起去接触新的科技，探索新的世界。

以现在的世界来说，三十几岁者的电脑运行能力可能输给二十几岁的，二十几岁的又输给十几岁的；在电脑时代，常是英雄出少年。在这样的情况下，你的脑袋如果没有努力、没有不停更新的话，就落伍了！我们的孩子却像活水般，每天不断地流动、更新。网络时代跟以前最大的不同点在于，以前是静态的时代，可能几十年、几百年不变；现在的网络则是每一秒钟都在推翻前一秒钟的东西，变化得太快了。因此，我们一定要能以变制变。

台湾实施教改十多年来，各界的批评莫衷一是，无论怎么变，最重要的是家长的参与，家长要相信自己，用自己的成长跟努力，来帮助我们的孩子，成效会更大一点。

■ 增进自己与孩子的 EQ（情商）

除了在课业方面给孩子帮助，家长也应该给孩子在生活方面正确的引导，而生活教育的第一件事，是要认识 EQ。

EQ 主要有五点：第一，认识自己的情绪。你能不能了解自己的情绪？你做过自己的情绪周期表吗？你在什么样的环境容易生气？例如，上班出门时，往往是非常容易发脾气的

时候。若是上班快要迟到了，要跟你一起出门的孩子突然说："对不起，我的作业没有带……"你可能会为了等孩子，又耽误了一点时间，然后在一路上骂个不停。第二天，车子要开了，换你忘了带东西，只好叫孩子去帮你拿下来。看到你的情况，孩子可能会偷偷在心里说："你也应该像昨天骂我一样骂你自己啊！怎么都不骂你自己？"

人有时在某种情况之下特别容易有情绪；要知道自己在怎样的情况下会发脾气，该怎么处理，而能事先有时间规划，在那个关头就可以按部就班、气定神闲、从容不迫地度过。

家长可以从签孩子的联络簿开始做起，教他自己检查该带的东西，并与孩子讨论上学的出发时间，让他前一分钟就在车子旁边等你。这种习惯并不会与生俱来，但却是可以"训练"出来的；基本上，这是计划跟培养的关系。

第二，妥善地管理情绪，特别是负面的情绪。让自己每天都能高高兴兴、笑嘻嘻的，总是看着自己好的一面，保持正面的信念。有好的想法，就能有好的行动，好行动会带来好的结果。

前教育"部长"曾志朗推动阅读教育，那时我在二林镇的原斗初中当校长，也在学校推动阅读教育。二林当时正好有一家麦当劳开幕，所以我想了个点子：打电话向麦当劳的总裁提案，说明学校推动阅读的计划，鼓励孩子一个学期读八本，希望麦当劳赞助支持；如果小朋友交出八张 A4 纸的心得，就由麦当劳送一张奖状，并赠送一份早餐。总裁爽快地回答说可以啊，然后指派店长到我们学校洽谈活动细节。等到下学期开学时进行颁奖，全校师生几乎都得到奖励，新闻媒体也都来采访，也让麦当劳得到一次免费的宣传！

很多人对我说："你好有办法，连麦当劳都有办法说服。"其实，我根本不认识麦当劳任何人。也有人说："若是对方拒绝你，那不是很没面子吗？"这就是想法的问题了。我跟对方完全不认识，全台湾有五六百所初中，对方可能连我们学校在哪里都不知道。我打电话给他，他若是拒绝我，那也是合理的；但是，若是我勇于尝试，而他也答应了，我们就赚到了！我不会预设他一定会答应，也不会觉得若对方拒绝我会没面子；因为，一个企业就算再有钱，也不会乱用钱。

第三，理性思维。举例来说，当孩子考试考差了，你觉得不能接受，第一个反应就是责骂，骂到后来连夫妻都吵架。先生骂老婆："都是你不会教！"正在气头上的老婆就随口反击："胡说！是你基因不好，自己还不承认！"这就会成为一种相互责怪的连锁反应。

孩子的数学成绩不好可以看成是孩子"在数学的学习上生病了"。如果你的孩子生病，发烧到三十九度半，请问你是先打一顿并且还骂他"都是你不懂得保养自己的身体，还要爸妈花钱送你到医院看病"，还是先送医院？

同样的道理，学习上若是生了病，父母就应该帮孩子解决

问题，弄清楚原因：是不是回来没有做作业，还是看电视看太多了，或者不懂的不敢问？针对问题帮助孩子解决，而不是骂他："看吧！叫你不要看电视你不听！"或是："叫你做验算你都不做，考这种烂成绩！"身体生病了我们会先送医院，学习上生病为什么却先骂人、打人？这岂不是落井下石？

第四，同理心。同理心就是能站在他人的角度替他人着想。有一个很多人听过的故事：先生一天到晚认为太太很轻松，在家里也不必做什么事，只有煮饭；太太则认为老公做的事也没什么了不起，只不过是牵一头牛去耕田而已。有一天，他们两个互换工作。先生这才发现，自己怎么都煮不好饭；太太则是完全没办法使唤牛，累得筋疲力尽。两个人这时才以另一种眼光，感恩对方的付出。这就是唤起同理心，设身处地在对方立场去看事情。

越小的孩子往往越不懂得设身处地，因为年纪小，只有生理反应："妈！我饿了！"就给他吃饭；"妈，我会冷！"就给他加衣服。若要让孩子懂得体贴及感谢，最好的办法就是让他体会别人的立场。比如，让孩子扮演妈妈的角色，让他负责买菜。假设家里一天的菜钱是两百元，就拿两百元给他，然后跟着他一起去买菜，告诉他要买一家人要吃的三餐，要有鱼，有肉、青菜、蛋、蔬菜水果，营养要均衡，他只要采买就好，不用管怎么配菜。如此一来，孩子才能体会到买菜的辛苦，才能真正地体会到如何站在不同的角度替人着想。

懂得利用角色扮演，现实生活便是同理心最大的训练场；父母若能随机运用，对孩子的帮助会很大。

■ 激励强化成功经验

第五，激励自己，赞美别人。社交能力跟自我激励及同理心都有关系：你要懂得站在对方的角度去想事情，要知道逆向思考，要懂得激励自己，更要懂得表达对别人的赞美，这也是一种训练。

有一次，我去台中演讲，在演讲地点附近找到一家不起眼的咖啡店。我进去的时候，料想这咖啡店里的简餐大概是微波餐，咖啡是三合一之类的。没想到，店里面很幽静典雅，餐点也不是微波餐，而是现煮的新鲜佳肴；餐后送来的咖啡更让我惊喜，香醇甘美，很有职业水准。

我走到柜台，向服务生询问咖啡是谁煮的？她以为我要兴师问罪，反问我有什么问题。我说，我要跟煮咖啡的人道声谢谢；因为我没想到，在这样的地方可以喝到这么专业的咖啡，真是出乎我意料之外。那位小女孩听完就开心地笑了，我便回到座位休息。过了一会儿后，服务生端了一杯咖啡给我，她说："先生，煮咖啡的小姐说，从没有碰过一位像您这样有礼貌的客人。这杯咖啡是她用最好的咖啡豆煮的，要免费请您鉴赏一下。"

人与人之间善意的付出，会引来更多善意的回应，周遭

的环境就会变得愈来愈好；这种习惯，必须在日常生活中培养。我记得有一部电影叫《廊桥遗梦》，内容描写到中年妇女的外遇问题。有才华及智慧的女主角梅丽尔·斯特里普结了婚之后，在家里当个家庭主妇，住在美国的偏僻乡下；将两个孩子抚养到二十岁以后，她感觉心都老了。而克林特·伊斯特伍德饰演一个《国家地理杂志》的摄影师，来到这个地方，正好女主角的先生带着两个小孩出门不在家。两个人碰面后，天雷勾动地火，一发不可收拾。

女人碰到喜欢的男人就会开始打扮，她已经很多年没有打扮了。某天晚上，克林特·伊斯特伍德要来用餐，她特地买了一件低胸洋装，擦点胭脂以后，漂亮得连自己都不敢相信。克林特·伊斯特伍德带了一瓶酒过去拜访她，门一打开就不禁吓到，手上的东西差点掉在地上。她因为很久没打扮，对自己没有信心，还以为是自己不得体吓到他了；克林特·伊斯特伍德笑着解释，是因为打扮后的她美丽得惊人，所以他才失态。

发自内心的赞美最能打动人心，也是信心的源泉。人都喜欢也需要被赞美，尤其是我们的孩子。孩子年纪小，还不知道自己是谁，他所有的自我概念、自我形象大部分来自父母，其次是师长以及同学。父母应该经常告诉孩子："你真是一个可爱的孩子，你真是一个活泼的孩子……"要多称赞孩子的优点，建立孩子对自我的正面肯定。若是爸爸妈妈一天到晚只会对孩子说:"你真笨!"久而久之,他便会觉得自己好笨;"你们都说我笨,我就是笨嘛,所以我不会!"其实,都是因为父母在他的"电脑"里面,每天输入病毒:"你好糟糕!你好糟糕……"所以他当然无法顺利执行程式。

挑剔的言语是每个人心中的痛。爱挑剔的配偶是另一半的痛;同样的,爱挑剔的爸爸妈妈是孩子的痛,爱挑剔的老师是学生的痛……不管别人怎么做他都觉得不满意;这样的人,很容易对他人造成伤害。

说好话可以成就好事,感谢的话语可以聚集好的能量,化解人际樊篱。例如你想改善婆媳关系,只要有心,就能做得到。比方说,你的婆婆常跟三个亲友在一起,你就要从这三个人下手,天天在他们面前表达你的感谢:"我婆婆跟我先生对我真好,每天在家帮我处理许多家务,让我可以减轻家事负担……"即使她只帮忙一点点或甚至都不做,但你也一定要找出她值得感谢之处,大声表达出来,在别人面前绝对要讲你婆婆的好话。你千万不要说:"我跟你说,你不可以跟别人说喔,我的婆婆对我真坏……"一分钟后全世界都知道了,这样只会将彼此的鸿沟越挖越深。你讲她好,她自己听了会不好意思,久而久之态度就会有所转变了。

对于孩子,你的每一句话,都在形塑他的内在自我,父母更是应该提醒自己,多说正面肯定的话。例如,亲师会跟老师座谈时,你千万不要说:"老师,怎么办?我的小孩都没

优点……"甚至老师说:"你的小孩这次月考考得不错,考三百九十六分啊!"你还批评说怎么没有考四百分满分?父母应该高兴地说:"老师,他不但功课好,还有很多好的行为,都是老师教导的。他在家里很体贴,晚上会帮我洗碗;他很贴心,睡觉以前会帮我捶背。我问他说你怎么变得这么贴心乖巧,他说是老师教的呀!"正面的鼓励与肯定,会带出一连串更好的行为,这就是激励的重要性。

通过激励,可以引导孩子自我挑战、自我实现,而体会到"自我神驰"(flow)的经验。当你完成某些事的时候,会感到非常兴奋及愉悦,这种经验就叫神驰经验;也就是因克服了挑战,而觉得非常快乐,或者感受到"成功的喜悦以及高峰经验",因此有一种自信、从容的心智状态。

我的孩子小学五年级时,有一次正在算数学,妈妈在楼下喊:"吃饭了!"我就对孩子说:"吃饭了,走吧,我好饿!"儿子说:"我再算这一题,你先下去吃。"十分钟后,孩子得意地对我们说:"嘿!我解出来了!"你一定要常常为孩子创造这样的经验。有这样的经验之后,你可以帮他把当时欢喜的表情用相机照起来,经常让他去回忆当时的经验,把那个经验定格;这些经验,往后可以成为他克服挫折或激励自己一再进步的动力。

这样做还可以强化他的记忆,让他一直有成功的观念在脑海里;用一句话或一张照片去唤醒成功的经验,成功经验会引发下一次的成功经验。也可以坐直身体，将眼睛闭起来，慢慢回想，一直强化成功的经验，每天复习。不断地强化你自己及家人的成功与喜悦，也就是不断地强化神驰经验。

要注意的是，不要一下子就给你的孩子超过他能力太多的东西。你的孩子现在只能提十斤，你一下子让他挑一百斤，这样是揠苗助长；应该循序渐进地让他挑战困难。

■ 认真计划，确实执行

除了激励之外，生活要有计划，没有计划就是计划失败。每一天晚上睡觉前十五分钟或是半个小时，要完全安静下来，把工作行事历拿出来，将第二天要做的事先在纸上拟定，做事情就会非常从容。"成功"，就是将简单的事重复地做，做到习惯为止，因为人是习惯的产物。同样地，听演讲是一种习惯，看电视也是一种习惯，端看你想养成哪种习惯；建立好的习惯才能帮助你迈向成功。

听演讲可以吸收别人智慧的精华。假设你有计划地每个礼拜都听一场演讲的话，一年就听了五十二场，对自己的成长有很大助益；反之，把同样的时间放在综艺节目上，时间就浪费了。建议你去买一本笔记本，将演讲的重点记录下来。即使时间过了再久，演讲笔记还是可以一再地翻阅回顾，这会刺激你把演讲所得放在生活中实践。若是你完全不做记录，在现场或许听得热血沸腾，但一出了会场就印象模糊了。只

有这样,让自己从原本熟悉的环境及习惯里跳脱出来,才能强迫自己成长。

我是极度反对看电视的;我认为,没有选择地看,只会浪费宝贵的时间。九二一大地震后,中部地区有一个礼拜左右的时间停电,当然没有电视可看,那时突然发现时间多出来很多。刚开始会觉得很无聊;但是,坐下来跟家人或邻居在一起,讲故事也好,聊聊天也好,一样很快乐。所以,电视一定要关掉,你的时间才会多。

试想,如果有一个孩子,从礼拜一到礼拜五,每天看两个小时电视,另一个则是每天看两个小时的书,彼此读书时间就相差了十小时;再加上礼拜六、日,读书时间较多,一周合计阅读或学习约二十个小时;一年五十二个礼拜,就有一千个小时。幼儿班三年、小学六年,合计九年,不看电视而看书的孩子,等于多学习了九千个小时。

小学时差距比较看不出来;可是一到初中阶段,课业压力加重,学习范围变大,把时间用在看电视的孩子,成绩突然间掉了下来,家长这才感到:"怎么会这样?初中老师都不会教吗?"其实不是!是因为孩子的基础没打好。一到高中联考的时候,相差更多。至于未来:对岸只领三四千元人民币的人才正在虎视眈眈呢!

怎么办?把电视关上,做好时间规划,不要浪费太多时间看电视,只要开始去做,永远不会太迟!除此之外,每天去发现家人的优点,并且写下来,像是:"爸爸,你今天上班好认真哦!""妈妈,你为我们付出,辛苦了。""弟弟你作业已经写了一半了,好棒喔!"要记得:赞美与鼓励就好像礼物一样,没有说出来的赞美就像没有送出的礼物一样,对方永远收不到;所以,一定要告诉对方。家人之间养成赞美与鼓励的习惯,就能带动彼此正向的成长。

在学校也是如此。我们学校的毕业班班主任,都要在毕业纪念册上,针对每一个同学的优点提出期许,像是:"灵活的脑筋需要修炼,让它更能发挥光芒;记得每一天要多动脑喔!"或是:"要先对自己坦白,才能有坦荡的人生!""要相信自己,只要自己努力过就够了,就可以无怨无悔。永远支持你喔!"每位老师都要写出四十个小朋友不同的优点,给他们激励。

很多小朋友从小到大没有机会拿到一张奖状。我在担任校长的时候,在学校推行一项做法:每学期结束时,每个孩子都会因他独特的优点最少得到一张奖状,六学期就有六张,奖状是由老师写的。老师跟孩子相处了一个学期,只要用心就能看出孩子的优点;我们希望不但能看到孩子的优点,而且希望他做得更好,因为孩子总是向着师长赞美以及鼓励的方向成长。此外,学校可以做一本赞美孩子的"葵花宝典"给老师,例如:"好了不起!""没想到,你真有天分!""看到你的表现我好高兴!""对!就是这样做!""你翻书的姿势很优

雅！"由此看来，有什么是不能赞美的？

人追求的目标有很多的层次，有一个层次是希望被他人尊重，被他人肯定，被他人看重。目前我们的教育体系及家庭体系，比较缺乏这个层次的鼓励。一般人会觉得："你好是应该的，因为你不好所以我要教你。"其实，对小朋友来说，他的行为完全是本能的；爸爸妈妈若一直带着他往正确的路上走，他的发展会越来越好。

鼓励大家赞美别人，其实也不是件易事，所以我们需要多多练习。有些人一开口就像是"毒蛇咬人"，就算是"刀子口，豆腐心"，还是会对别人造成伤害。我们常常在无形之中伤害别人，尤其是伤害我们最亲近的人。

因此，要想"口吐莲花"，最简单的方法就是做计划，凡事马上行动，即使是大概的计划也好，例如：第二天称赞人家"工作好认真"，第三天说他"体贴"，第四天夸他"帮忙洗碗"……不断地去发现一个人的优点。你若能在家中实施，也能培养出"口吐莲花"的家风。

凡事要马上行动，现在就可以将眼睛闭起来想一想：我回去的时候，对另一半要说什么话？对小孩说什么话？可以把它写下来，提醒自己，回家时就给另一半一个拥抱，告诉对方："谢谢你！如果没有你的支持，就没有今天的我！"这个就叫做激励！

我的孩子念小学的时候，有一天我去接他，开车经过十字路口时停下来等绿灯；那时下着毛毛雨，有一个低年级的小朋友，也在等绿灯。那时候，路口没有车子，我看他没有穿雨衣，就把车窗摇下来向他说："小朋友，红灯要停没有错，但是现在下雨，又没有车经过，你赶快冲过去，否则会感冒喔！"他笑一笑说："伯伯，我是学校的模范生，这种事我不会做！"

我当时先是觉得很难堪，接着觉得很欣慰：他的父母真会教小孩，让守法变成习惯。"我宁可淋雨也不闯红灯，因为我是模范生；我有这么好的优点，所以这事我不会做的。"这就是勉励的作用！这个世界随时随地都有诱惑，这个孩子则是自己有很大的定力，知道什么事是他不该做的；如果你有这样的小孩，他到哪里去你都很放心，因为你知道他不会去不该去的地方，不会做不该做的事。

所以，家长及老师要多鼓励孩子，每天发现他的优点，为他贴上一个好的标签，建立良好的自我形象。

■ EQ（情商）七大法宝

至于迈向成功的 EQ，则有七大法宝。第一，一心一境，做任何事都全力以赴，活在当下。只有眼前的事情才是你可以掌握的，所以要一心一境，做任何事情都全力以赴。

第二，随缘不随气，用心不用力。有一些话可以用来勉励自己："没办法掌握别人，那就控制自己"，"没有办法预

测明天,但是可以掌握今天","没有办法掌握生命的长度,但可以控制生命的力度","没有办法事事如意,但可以事事尽力"。

第三,做好事,说好话,存好心。多说鼓励、感恩、温暖的话;在人际互动的过程中尽量给人希望、方便、信心、力量。尽量看出别人的优点,包括对自己的亲人,赞美与感谢不但要讲出来也要写下来,而且要持续成为习惯;当我们被赞美时,感觉会很好。订下计划,配合行动,每天家里一定要有一段时间,三分钟、五分钟也好,全家一起来做,彼此肯定,彼此鼓励,彼此微笑。

凡事往好处想,往正面想,朝乐观想,替别人想;日常行事、互动,皆从善意、公益出发,得不到正面的反应是正常的,若是对方有所回应则是赚到。一定要有这种观念:随时随地向别人表达你的善意。

爸爸妈妈可以成为家里和煦的阳光,让孩子跟你在一起时都觉得好快乐。生活要规律,身体要保养,心理要修养,品性要培养,饮食要营养,脚步要放慢,心情放轻松,姿态要放低,心胸要放宽,视野要放广,放大期待,放长时空——就是让心境放宽,像是国画中的留白,天地才会宽。

除了在顺境中要心怀感激之外,面对逆境时激励也很重要,特别是表现不好的时候。现在我们不只讲 EQ,还要讲 AQ(Adversity Quotient)——逆境智商。在逆境的时候要激励:没有所谓的失败,只是暂时停止成功。你的小孩成绩考差了,他只是在某一个点上没有成功,不是失败,两者差别很大;失败是负面的,表示:"你很笨!你很糟糕!"但是,孩子一般只是在某个点没有成功。父母可以跟孩子一起努力,把症结找出来,继续改变。

别人不能接受自己,或许是自己能力不够,专业不足,可以继续努力。"每一个人都应勇于接受挑战,永远只尝到甜头的人不会有美妙的人生。""像传说中的火鸟一样,每一次的挫折是焠炼心智的大好机会。""成功者永不放弃,放弃者永不成功!"每个人心中一定要有这样自我激励的话,因为人绝对会遇到逆境。

爸妈在家庭中就是领导者,领导者永远做四件事:顺境的时候感谢,逆境的时候激励,订立远大的计划,走在前面——因为我们最少比孩子大二十岁。万一孩子的认知有差异,我们就通过沟通凝聚共识,再变成行动。

想让别人喜欢你,就要真诚地关心他人;真心真意地关心,表达时最重要的是眼神要相对。有一次我太太要出去应酬,问我:"这样穿好不好看?"当时我头都没抬起来,就说:"好看!你穿什么都好看!"太太觉得我这样讲一点诚意都没有,便叫儿子看:"儿子!你看妈妈这样穿好不好看?"我儿子当时才九岁,他说:"妈!你非常好看!"妈妈就问为什么,他说:"因为你皮肤很白,穿粉红色很像春天!"他讲这些话

的时候，一直很认真地看着他妈妈。

赞美别人时就要像这样：眼神要看着别人，要微笑，要具体地说出来。为什么要看着对方？因为眼神能表现出真诚。所以，跟孩子说话时若眼神没有交流，是没有用的。

微笑能拉近彼此的距离，传达自己的善意，表示"我喜欢你，我愿意跟你讲话"。若有人天生一脸严肃，可以通过一个简单的练习让笑容养成习惯，这是十五年前有位老师教过我的方法。

那时候我家住五楼，每天下班提着包包爬上五楼时，眉毛都会皱在一起，一点笑容都没有，让人感觉很严肃。那位老师告诉我，在门口挂个镜子，旁边贴上"微笑三十次"以提醒自己，出门时就先看着镜子笑；如果笑不出来，就用手指放在嘴角把它撑开。每天做到了就在纸上打勾，不要管别人怎么看，只要继续不断地练。三个月之后，自然能养成微笑的习惯。

所以，当我遇到挫折或负面情绪时，第一个反应是微笑，第二则是"走开"——从这个感觉离开，从这个想法离开，将微笑及"走开"的想法变成习惯，然后有计划地、切实地去做。

■ **让别人感到你很重视他**

第四，姓名对任何人而言，都是最悦耳的语音；不但要记住别人的名字,也要懂得解释人家的名字。例如,我叫谭德玉,"道德"的德,"玉山"的玉;若我们第一次见面,你怎么解释我的名字?你可以这样解释:"君子之德如玉,谦谦君子其德如玉;校长,您是一个很谦虚的人,您的德行像玉一样温润光洁。"总之,要记得人家的名字,并且要往好的方向解释。

第五,多聆听、多鼓励别人谈他自己的事。家人一起吃晚饭时,便是全家聊天最好的时候。有几个重点,首先是要做到消极的"四不":不批评,不指责,不抱怨,不算账。全家人在一起吃晚饭的时间不多,所以先把这消极的四不做到,再来做积极的:要鼓励、感恩、包容、赞美。

此外,发挥一些巧思,晚饭时间,就可以让全家拥有许多温馨时光。通常,在做饭的时候,全家最容易紧张,除了厨房会铿铿锵锵之外,连脸色都变得难看。假如一个礼拜挪出至少一个晚上到外面用餐,例如,下班之后不要回家,而是和家人约在家附近的校园或公园,就在附近买点饭菜、水果,和家人在那里用餐,一家人可以享受宽阔的空间及宁静,这样吃饭就很快乐。不会像在家里,妈妈还得收拾善后,一直催孩子赶快吃,用餐好有压力。

现在的生活这么方便,只要少少的花费就可以解决晚餐,买一个晚上的悠闲。其实,也可以在做午饭的时候连晚饭一起做,或是前一天晚上顺便把第二天的也准备好。这也是

EQ,可以让你拥有更多余裕的时间,而且不必花大钱。

第六,谈论对方感兴趣的话题,衷心地让对方觉得自己很重要。孩子若敢跟父母谈他在学校发生的糗事,表示你们的亲子关系很融洽。例如,孩子讲:"今天好倒霉!后面的同学叫我传纸条给前面的同学;纸条丢到我的桌上,我都还没有机会传就被老师发现。结果被罚站十分钟,我也不敢跟老师解释。"这只是孩子人生中的小插曲,父母不要马上骂说:"一定是你上课不专心,为什么老师不罚别人就只罚你?!同学为什么不丢到别人桌上却丢你桌上?!一定是你们平常就这样玩。"不要对孩子做二次处罚,父母只要微笑地谅解就好了。大人越放轻松,对孩子来说越好。

第七,注意沟通的技巧。要接纳对方的看法,幽默而不嘲讽,坦白面对自己的感受,同时要适当地说不。要注意的是,有些话题不适合谈论。不管是在哪里,政治议题最好不要谈,尤其当搭出租车时;宗教也不要谈,其他的话题大概都可以谈。坦诚面对自己的感觉,则是放在写日记的时候;若是有写日记或工作记录的习惯,就可以真诚地面对自己,反省自己。

■ 布置书香环境

在我们家,一到七点电话就停掉;我的小孩从小学一年级直到高中这段时间,只要他在家,七点以后我们就完全停掉所有电话。晚上全家就安安静静地看书。我们家好多年没有电视，很多家长问我："校长，你们家没有电视，你的孩子跟同学沟通不会有问题吗？"

其实，朋友间都会有相同的习惯。我们爱喝酒就会有酒友，爱打牌就会有牌友，要唱KTV，也会有一起唱歌的朋友，喜欢购物就会有一起"瞎拼"的朋友；同样的道理，爱读书就会有书友，爱爬山就会有山友。我们都希望孩子是属于赢家这个圈子的，会有比较高的水平，将来的工作能够稳定且高薪，比较不会受到失业的威胁。家长如此，小朋友自己也会慢慢地有所选择。建议大家以看书取代看电视，即使看电视，节目也要有所选择，不要被电视控制。

复制别人的成功经验，是让自己迈向成功的捷径。当你把电视关起来，时间就变多了，每天晚上至少多两至三个小时；就像你晚上不做饭的时候，那天晚上就很悠闲。这些时间可以做什么？家长可以安排一个书香的读书环境。

我非常喜欢诚品书店，诚品可以说是台湾人的骄傲与光荣；即使日本那么爱读书的国家，都没有像诚品那样的书店。孩子没上课的时候，可以到诚品书店儿童馆看书，甚至可以看一下午；台中的诚品书店对面是娱乐街，全部都是电动玩具店，孩子也可以在那里面待上一下午。长久下来，看书的小孩及玩电玩的小孩两者间的气质跟内涵会不会有差别？

若是没办法天天去诚品，爸妈可以试着将家营造成诚品

书店。家里若是不常有客人,其实可以不必放沙发;如此,便能利用客厅角落十到十五六个平方米的空间铺上地板或塑料垫,装一个投射灯,放一台手提收录音机——看书的时候可以一边听音乐,放一些书,摆几张照片,好好地布置一番;如此一来,家里就营造出了书香的环境。还可以拍一张全家一起看书的照片,贴在客厅墙壁上,每天晚上都能看到。这样的成功情境感觉真好!别人在看电视时你的孩子在看书,可以不断进修,更深入地学习。

■ 追求顶尖卓越

我还要跟大家分享"顶尖"的理论,也就是要让你的孩子一直有源源活水。"问渠哪得清如许?为有源头活水来。"什么是孩子的清泉活水?就是好书、好音乐、好的书香环境以及父母的激励——好的心灵环境,还有好的同学,让他一直有美好的事物在心里面。会流动的水才不会腐臭;如果希望孩子是流动的水,就要让他的生命中常有清泉流动,家长本身也要不断地有清泉注入。

清泉从哪里来?有两个方面的考量。第一是"量",也就是流行跟卖座。这方面的事物家长不用教,在孩子的成长过程中一定会碰到,像凯蒂猫、皮卡丘等,大家都会谈;今天流行孙燕姿,明天风靡王力宏,他们都会随口唱几句。第二是"质",质的方面则需要家长引导,没有认真带领小朋友,他不会主动去接触。"质"就是指"经典",也就是好书、好音乐、好电影。

我喜欢看电影,就用电影作比方。现在大多数家庭都有DVD,可以把家里的电视关起来,去租借历年来的好电影来看。跟看一些乱七八糟的影片相比,同样花两个小时,当然要选择看经典的好片。看电影的时候,孩子会问东问西,父母自己也要做功课,像是上网查资料,或是到图书馆查相关资料;爸妈还可以跟孩子一起讨论,这部电影对什么有帮助,是不是可以跟课程相结合。

再举参观博物馆为例。去之前要先做功课,剪报是一种方式,也可以找百科全书或是上网找资料。其次,小孩子和大孩子的参观方式不一样。幼儿园小孩可能只要在表上打几个勾,表示看到了哪些东西;小学一二年级的小朋友,可能只是简单地写一下心得。中高年级的小朋友,便可以上网找一些资料,拍几张照片,用一张 A4 纸,挑几张最得意的贴上去,旁边还做一些说明,成为参观博物馆的记录。

现在周休二日,若是每个礼拜去一次,家长可能会觉得有些负担;就算两个礼拜去一次,一年也有二十几次,对孩子的学习很有帮助。若能每次去参观之前,养成事前做功课的习惯,一年下来就有二十几本参观记录,小学六年就有一百五十本。还没念初中之前,就有一百五十本学习记录,这样的孩子会不杰出吗?

多去顶尖的地方不一定要花很多钱,比如美术馆、图书馆、电影院或县市文化中心的电影放映厅等;在家里看电影,跟在电影院看毕竟不同,大场面还是应该在电影院看才能有感受。你可以规划电影院之旅、博物馆之旅等行程,每一次去之前都做功课,回来之后则做回馈单,让他建立起学习的习惯;因为你要带他,所以自己也要养成事前搜集资料的习惯。

总之,各位要记住:第一,没有计划就是失败的方案,所以一定要有所计划;第二,复制别人的成功模式,是让自己迈向成功的最短途径;第三,结合同好,自主学习,可以跟其他家长一起,举办父母成长班,花费不多,收获却很大。同时,还要永远懂得运用别人的长处,与其他家长分享教养孩子的良好经验。

■ 家庭教育的重要性

我父亲是一个退伍军人,自己从大陆到台湾来,咬紧牙关地工作供我念大学。我念的是私立大学,学费很贵,自己也摆地摊摆了五年。毕业之后,我当了老师,还当上校长。到了我当父亲时,我用我的方式教育我的小孩,他现在念台大。

一个家庭到台湾来,五十年间历经三代,就这样三个轮转。教育,是提升自己、让家庭改变的最便宜途径。尤其是现在，竞争这么激烈，廉价的劳动力没有明天，唯有靠教育让我们的孩子成为精英。

虽然我大学联考英文只考两分，但我还是能用录音带、英文绘本、电脑游戏等方法创造环境，带着孩子学英文，让他将说写英文成为习惯。就算一天只背七个单词，今天七个，明天七个，后天七个……一年下来就有两千多个单词；初中三年也不过教八百多个单词。重点是要把它当成习惯，刚开始就算一天只背一个也好，没背好就不睡觉；没有积极的动力与执行能力，所有计划都是假的。

总之，家长要学习的，是怎样费尽心思安排环境让孩子学习，然后确实按照计划去执行。成功，就是将简单的事重复做，持续做，做到变成习惯为止。

重点是要规划。父母最会规划的事往往是吃饭：早上就想好要买什么菜，然后中餐煮什么，晚餐煮什么……我们要改变习惯，把时间规划放在重要的事物上，尤其是自己及孩子的心智成长上，才能让孩子卓越。

图书在版编目(CIP)数据

亲子互动的小窍门：七位亲子教育达人的秘诀传授/魏渭堂等著. —上海：复旦大学出版社,2015.7(2022.2 重印)
(小太阳亲子丛书)
ISBN 978-7-309-11218-4

Ⅰ. 亲… Ⅱ. 魏… Ⅲ. 儿童教育-家庭教育 Ⅳ. G78

中国版本图书馆 CIP 数据核字(2015)第 017840 号

亲子互动的小窍门：七位亲子教育达人的秘诀传授
魏渭堂 陈蔡荣美 钱永镇 马信行 何进财 周美德 谭德玉 著
泰山文化基金会 策划
文字整理/林美琪
责任编辑/邵 丹

复旦大学出版社有限公司出版发行
上海市国权路 579 号 邮编:200433
网址: fupnet@fudanpress.com　http://www.fudanpress.com
门市零售: 86-21-65102580　团体订购: 86-21-65104505
出版部电话: 86-21-65642845
上海崇明裕安印刷厂

开本 890×1240　1/32　印张 5.25　字数 91 千
2022 年 2 月第 1 版第 2 次印刷
印数 4 101—5 700

ISBN 978-7-309-11218-4/G·1448
定价: 28.00 元

如有印装质量问题,请向复旦大学出版社有限公司出版部调换。
版权所有　侵权必究